THE NORMANS

FROM RAIDERS TO KINGS

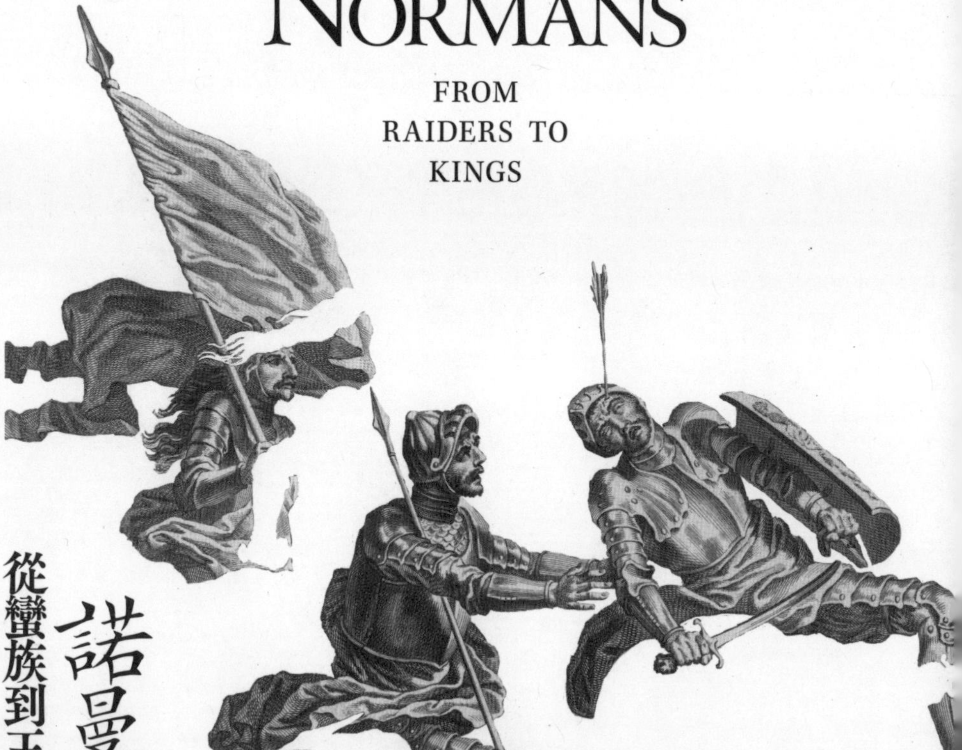

諾曼風雲

從蠻族到王族的三百年

LARS BROWNWORTH

拉爾斯・布朗沃思 著　　黃芳田 譯

中文版序

歐洲究竟是什麼？這塊地中海以北的大陸在古代或中世紀早期的確並未被認為是一塊獨特的地方。德意志帝國宰相俾斯麥說得最好，將之稱為「只不過是地理上的表達」，是個歷史上的創造物，除了地理上的遇合之外，並沒有實質上的統一關聯。而且這地理位置在東部邊界上也有點模糊不清。

然而，不管「歐洲」一詞的界定多麼朦朧不清，如今卻已成為寰宇公認的字眼，一連串在文化上獨特的國家在十九世紀末興起，成為主宰全球的勢力。因此，可能比較好的問法應該是：歐洲人究竟何時開始自認為歐洲人？

西元八世紀期間，歐洲仍然沒擺脫過去而沉迷在與北非和近東共享過的古羅馬時代中，到處仍可見到過去輝煌時代所留下的有形提醒物：傾頹的古羅馬建物、半掩埋的大理石雕像、法典，以及所有受過教育的人用來溝通的語言。歲月使得許多古羅馬的成就化成半為人所記得的殘夢——如有位中世紀作者就聲稱自己見過的廢墟是由巨人所建，因為凡人不可能造出這樣的規模——但這仍足以激發起一種信念，認為可以再重建古羅馬世界。

這不僅是個單純的政治統一夢想而已。古羅馬人治下的歐洲是由成千上萬里馳道連結許多無城牆城市的非凡組合，並受到羅馬軍團的保護。邊疆之外是無遠弗屆的貿易網，深入到無名之地，遠至連神話上都沒出現過。雄心勃勃的商賈越過寒冷的山丘與炙熱的荒地去尋找東方貨物，足跡遠超過亞歷山大大帝的士兵願意涉足的範圍之外。西元一六六年，廣大的新商業關係似乎即將展開，羅馬特使抵達了中國首都洛陽，獲得了漢桓帝朝廷的接待。

但這番勝利已算是帝國的巔峰，到了二世紀結束時，羅馬帝國已開始轉向內在（turn inward），及至五世紀時，西半部羅馬帝國已經完全瓦解，疾病與蠻族入侵毀了歐洲，倖存的城市則在其昔日陰影中苟延殘喘。隨之而來的長期政治衰落使得西歐淪為偏執、混亂又千瘡百孔的空殼，誠如史學家肯尼斯．克拉克（Kenneth Clarke）頗為誇張的形容，文明千鈞一髮地「九死一生」。

那個偉大夢想看來無望地遙不可及。歐洲包圍在更強大、厲害的鄰國之中，似乎注定繼續成為一灘死水，永遠要受他國的擺布。然而接下來兩個世紀裡，卻反而可見到歐洲異乎尋常地復甦了，它會轉型成為充滿信心、活力的諸國組合，首次意識到自己的新興身分。

諷刺的是，這個大轉捩點卻是始於一場入侵。在九世紀之交，維京人從冰封的北方之地一湧而出，將西歐與中歐的弱小王國攪得天翻地覆，一波又一波的北蠻「海狼」緊接著第一批劫掠者之後來到，尋找掠奪財物、土地或光榮陣亡的機會。不列顛大部分島嶼都淪陷在他們的劍下，歐洲大陸的首都如巴黎與亞琛也遭劫掠。他們往東沿著尚未納入版圖的中歐流域南下而攻占了基輔，並進攻拜占庭帝國的強大首都君士坦丁堡。

儘管這些過程十分痛苦，但這些暴力行徑卻宛如誕生現代歐洲必經的陣痛，除舊布新的創造性毀滅，掃除了舊有秩序，以便讓新穎有活力的事物在原處生長。維京人遠非單純的蠻人，他們是律法制定者（英文「法律」一詞就是源自於古諾斯語），並把新穎的陪審團制度引入了英格蘭。他們也是老練的商人與探險家，在冰島殖民，俄羅斯因他們而得名，他們興建了都柏林，並建立起延伸至北美與中國的貿易網。

也許最重要的是定居法國北部的維京人，這些住在諾曼公國（不久就簡稱為「諾曼地」）的居民，為如何創建一個成功的中世紀國家提供了榜樣。他們是中世紀了不起的企業家；浪跡天涯的急進冒險家，白手起家，深刻改變了歐洲的面貌。在兩個世紀期間，他們發動了連串非凡的征服，從北海到北非海岸打造出王國。到十一世紀結束時，歐洲四大國之中有三個是由諾曼人創建或徹底改造而成的。

新的擴張精神興起了，自從羅馬帝國的輝煌時期以來，這是歐洲首次懷著信心望向邊疆之外。遠比維京人更強大的敵人位於他們四周，歐洲的東、西、南面皆受伊斯蘭包圍。在四個世紀的侵略中，哈里發的軍隊已併吞了北非以及西方的西班牙，直抵東方的中國邊界。羅馬本身也遭到攻擊，穆斯林曾在義大利短暫建立過一處灘頭堡，基督教世界的邊界一直遭到蠶食。如今歐洲終於準備反攻了。

一〇九五年，教宗烏爾班二世在法國的克萊芒演講，為新的樂觀精神定出了一個目標，最終回應此呼籲者多達十五萬人，拋下了他們所知的一切而肩負起這看來像是傻子的使命：行萬里路深入敵境為基督教世界征服耶路撒冷。於是第一次的十字軍東征開始了，這是個廣大而最終成為悲劇時代的開端，或許也是史上最受誤解的時期。

十字軍東征曾被描述為東西方對抗的倒數第二來源，殖民主義的起源，甚至是恐怖主義的根源。實則卻是遲來而且最終也沒成功的嘗試，企圖要扭轉四百年來伊斯蘭的征服。

十字軍東征失敗意味著東方香料與絲綢的傳統陸路貿易路線此時不通了，因此，歐洲人開始另覓抵達中國利潤豐厚市場的通路，結果迎來了大航海時代，及遠超過所有羅馬帝國前輩的新貿易路線發展成果。原來，過去並非指南而是序幕而已。

這就是《諾曼風雲》、《維京傳奇》、《十字軍聖戰》講的故事。從九世紀到十三世紀形成歐洲的歲月是如何成為關鍵，讓人了解到歐洲之所以成為歐洲，以及它如何從一池渾水轉型成為世界強權。

目次

人名、地名與其他

人名[1]

羅洛（Rollo, c. 860-931），建立諾曼地的維京劫掠者。

糊塗查理（Charles the Simple, 879-929），法蘭克國王，為阻維京人侵略，准許他們在諾曼地定居。

威廉一世（William I, c. 900-942），羅洛的兒子；諾曼地的第二任統治者。

---

1 編按：原書人名以英文字母順序排列，為方便中文讀者，編輯特將關係相近者放在一起，以利查找。

理查一世（Richard I, 933-996），威廉一世的兒子，第一任諾曼地公爵，人稱「無畏的理查」。

理查二世（Richard II, c. 962-1026），第二任諾曼地公爵，人稱「好人理查」。

艾瑪（Emma, c. 985-1052），理查二世的妹妹，「決策無方者」埃塞爾雷德之妻，「懺悔者」愛德華之母。

羅貝爾一世（Robert I, c. 1009-1035），第四任諾曼地公爵，理查二世的兒子、威廉二世的父親，人稱「魔鬼羅貝爾」。

威廉二世（William II, c. 1026-1087），羅貝爾一世的私生子，於一〇六六年征服英格蘭，人稱「征服者威廉」（後兼任英格蘭國王威廉一世）。

「決策無方者」埃塞爾雷德（Ethelred the Unready, c. 968-1016），盎格魯─撒克遜王，曾試圖以賄賂方式阻止維京人來襲。「懺悔者」愛德華之父。

「懺悔者」愛德華（Edward the Confessor, c. 1003-1066），英格蘭的盎格魯─撒克遜王，駕崩時未有明確繼承人。

威塞克斯伯爵戈德溫（Godwin, Earl of Wessex, c. 1001-1053），「懺悔者」愛德華的權貴謀臣，哈羅德與托斯提格之父。

哈羅德（Harold, c. 1022-1066），英格蘭最後一任盎格魯—撒克遜國王，在黑斯廷斯戰役中死於征服者威廉之手。

托斯提格（Tostig, c. 1026-1066），哈羅德的弟弟；在試圖從流放中返國時，於斯坦福橋戰役遇害。

「無情者」哈拉爾（Harald Hardrada, c. 1015-1066），挪威的維京王哈拉爾三世；於一〇六六年入侵英格蘭，在斯坦福橋戰役中喪生。

歐特維爾的坦克雷德（Tancred de Hauteville, c. 980-1041），諾曼窮騎士，歐特維爾家族的始創者；有十二個兒子，包括鐵臂威廉、德羅戈、羅貝爾．吉斯卡爾以及羅傑一世。

鐵臂威廉（William Iron-Arm, c. 1005-1046），歐特維爾家族中的長子，被推舉為阿普里亞與卡拉布利亞公爵。

德羅戈（Drogo, c. 1010-1051），鐵臂威廉的弟弟，繼承其位成為阿普里亞與卡拉布利亞公爵。

羅貝爾．吉斯卡爾（Robert Guiscard, c. 1015-1085），德羅戈同父異母弟弟；征服了義大利南部大半地區，被推舉為阿普里亞與卡拉布利亞公爵。人稱「詭詐的人」。

羅傑一世（Roger I, c. 1031-1101），歐特維爾兄弟中最年輕的，征服了西西里島並鞏固島上的諾曼人統治；人稱「偉大的伯爵」。

阿德萊德（Adelaide, c. 1075-1118），羅傑一世第三任妻子，羅傑二世之母。一一〇一至一一一二年曾為其子攝政。

博希蒙德一世（Bohemond I, c.1058-1111），羅貝爾·吉斯卡爾的長子；建立安條克公國。

加利利的坦克雷德（Tancred of Galilee, 1075-1112），博希蒙德一世的侄兒；博希蒙德一世缺席期間擔任安條克的攝政。

羅傑·博爾薩（Roger Borsa, c. 1060-1111），羅貝爾·吉斯卡爾婚生但非嫡出的兒子，繼承其父成為阿普里亞與卡拉布利亞公爵。

羅傑二世（Roger II, 1095-1154），西西里第一任諾曼國王；後人認為他是西西里王國最偉大的統治者。

威廉一世（William I, 1131-1166），羅傑二世的兒子，第二任西西里國王。人稱「壞人威廉」。

威廉二世（William II, 1155-1189），西西里歐特維爾家族統治者的第三任國王，也是最後一位合法統治者。人稱「好人威廉」。

康斯坦絲（Constance, 1154-1198），羅傑二世的女兒；威廉一世去世後繼承了西西里王位。

克里斯托杜勒斯（Christodulus, d. 1131），羅傑一世治下的諾曼西西里首任海軍上將。

安條克的喬治（George of Antioch, d. 1151/1152），繼克里斯托杜勒斯成為海軍上將；協助諾曼人在北非立足。

巴里的馬約（Maio of Bari, d. 1160），威廉一世的愛將；曾為西西里王國最具權勢的人物，直到遭刺殺身亡為止。

馬格加里塔（Margaritus, 1149-1197），威廉二世時期的西西里王國海軍上將，人稱「新海神」。

雷契的坦克雷德（Tancred of Lecce, d. 1194），西西里王國最後一任諾曼統治者；於威廉二世去世時奪得王國。人稱「猴王」。

亨利四世（Henry IV, 1050-1106），神聖羅馬帝國皇帝，曾趁著羅貝爾・吉斯卡爾忙於入侵拜占庭時，試圖侵略羅馬。

腓特烈一世・巴巴羅薩（Frederick I Barbarossa, 1122-1190），神聖羅馬帝國皇帝；為

意圖征服西西里島而侵略義大利。

亨利六世（Henry VI, 1165-1197），神聖羅馬帝國皇帝，康斯坦絲之夫；征服了西西里島的諾曼王國。

腓特烈二世・巴巴羅薩（Frederick II Barbarossa, 1194-1250），神聖羅馬帝國皇帝兼西西里與耶路撒冷國王；亨利六世之子，羅傑二世之孫。人稱「世界的奇蹟」。

阿歷克塞一世・科穆寧（Alexius I Comnenus, c. 1056-1118），第一次十字軍東征時的拜占庭皇帝，打敗企圖侵略帝國的羅貝爾・吉斯卡爾與博希蒙德一世。

曼努埃爾一世・科穆寧（Manuel I Comnenus, 1118-1180），十二世紀最後一位強勢拜占庭皇帝；與羅傑二世對抗作戰。

土魯斯的雷蒙（Raymond of Toulouse, c. 1041-1105），博希蒙德一世主要對手，雙方皆欲奪得第一次十字軍的領導權。

獅心王理查（Richard the Lionheart, 1157-1199），英格蘭的諾曼國王，曾在第三次十字軍東征途中到過西西里島。

喬治・馬尼亞斯（George Maniaces, d. 1043），拜占庭將軍，在意圖征服西西里島時曾雇用諾曼人傭兵。

利奧九世（Leo IX, 1002-1054），教宗，領導反諾曼大聯盟將諾曼人從義大利南部驅逐出去；後於奇維塔特戰役中遭羅貝爾・吉斯卡爾俘虜。

格列哥里七世（Gregory VII, c. 1015-1085），改革派教宗，他授予羅貝爾・吉斯卡爾合法性，以換取保護來對抗神聖羅馬帝國皇帝亨利四世。

烏爾班二世（Urban II, c. 1042-1099），教宗，發起第一次十字軍東征，為基督教世界收復耶路撒冷。

克萊沃爾的聖伯納德（Bernard of Clairvaux, 1090-1153），熙篤會修道院院長，十二世紀初期的主導人物。

地名

亞琛（Aachen），神聖羅馬帝國首都。

阿普里亞（Apulia），義大利南部地區，包括半島的「腳跟」部分。在羅貝爾・吉斯卡爾時成為諾曼勢力的中心。

拜占庭帝國（Byzantine Empire, 330-1453），舊羅馬帝國的東半部。

卡拉布利亞（Calabria），義大利半島南部地區，位於半島「腳趾」部位。

君士坦丁堡（Constantinople），拜占庭帝國首都。

神聖羅馬帝國（Holy Roman Empire, 962-1806），中歐國家，自稱重建了羅馬帝國。儘管名為「羅馬」，但主要位在今日德國地區。

諾曼西西里王國（Norman Kingdom of Sicily, 1130-1194），羅傑二世所建，包括西西里島、南義大利以及部分北非。

巴勒摩（Palermo），諾曼西西里王國首都。

教宗國（Papal States），直接由教宗統治的羅馬周邊地域，教宗國經常與鄰近的西西里王國和神聖羅馬帝國發生衝突。

安條克公國（Principality of Antioch, 1098-1268），十字軍國家，以安條克主要城市一帶為根據地；於第一次十字軍東征時由博希蒙德一世建立。

其他

奇維塔特戰役（Battle of Civitate, 1053），諾曼人在此戰役中重挫教宗利奧九世軍隊，結果因此取得教宗承認歐特維爾家族在義大利南方的統治權。

第一次十字軍東征（First Crusade, 1096-1099），由教宗烏爾班二世發起，欲從伊斯蘭教徒手中收復聖地。

第四次十字軍東征（Fourth Crusade, 1204），威尼斯人率領的十字軍，大肆劫掠了君士坦丁堡。

埃普特河畔聖克萊公約（Treaty of Saint-Clair-sur-Epte），羅洛與糊塗查理之間的協定，因此而創建了諾曼地。

瓦蘭金衛隊（Varangian Guard），拜占庭的精兵部隊，通常由北歐或盎格魯—撒克遜戰士組成。

教宗國

五世紀時，西羅馬帝國瓦解，在義大利半島上留下了政治上的真空。教宗是實質上唯一具有顯赫地位的人物，逐漸填補了這個真空，承擔對羅馬的政治控制。西元七五六年，這有實無名的控制權獲得法蘭克統治者丕平[1]的正式承認，而丕平在不久前才打敗入侵並威脅羅馬的倫巴底人。為了取得國王的頭銜，丕平「捐獻」了他剛征服的兩座城市：羅馬和拉文納（Ravenna），以及其周圍的土地，做為跟教宗交換的條

1 譯者注：丕平（Pepin, 714-768），法蘭克王國加洛林王朝（Carolingian）創立者，查理大帝之父，曾助教宗打敗倫巴底人。

件。受歷代教宗直接統治的教宗國（又稱為聖彼得共和國）自此誕生，直到十九世紀義大利復興運動（Risorgimento，義大利統一）期間才廢除。

中世紀期間，教宗國的確切國界和勢力範圍時常波動，最大時可延伸到現代義大利的中部，包括拉齊奧（Lazio）、翁布利亞（Umbria）、馬爾凱（Marche），以及部分艾米利亞—羅馬涅（Emilia-Romagna）地區，這片領土由教宗的軍隊守衛，上陣時由傭兵指揮，有時也由教宗親自指揮。這時期教宗史上的最佳代表人物莫過於文藝復興時期的尤利烏斯二世（Julius II），他以瑞士傭兵組成了一支軍隊，由於經常帶兵上陣而贏得了「戰士教宗」的稱號。

一八七一年，義大利統一之後，教宗的俗世之權就被限定在梵諦岡的範圍內，但即便如此，教宗的權力仍受到質疑。一九二九年，教宗國與義大利政府達成協議，政府承認「梵諦岡城」是獨立邦國，至今仍由尤利烏斯二世創建的瑞士衛隊守衛，這支衛隊可說是昔日教宗們在世俗與宗教上的戰爭遺留。

羅馬、神聖羅馬帝國與拜占庭帝國

人們在尋求歷史的清晰度時，往往會將其過分簡化。我們會把歷史劃分為可理解的數個部分，給予明確的邊界和標籤。但這樣一來，不管這方法有多實用，有時也會產生誤導。在當時不太被人留意的日子，到後來卻成了重要的轉折年代；而加上了名稱的時期和時代要是讓當時的人看到了，他們也可能會認不出來。

而且如果再牽扯到國家或帝國的顏面，孕育而生的政治宣傳常常會把渾水攪得更渾。中世紀有兩個敵對的帝國，雙方皆聲稱自己才是真正的羅馬帝國。雖然在歷史上雙方大多數時刻都沒真正控制過羅馬，但雙方卻都要求承繼它的遺產。

混亂的根源始於西元三世紀時，羅馬皇帝戴克里先（Diocletian）決定將舊羅馬帝國一分為二；西半部的羅馬帝國首都設在義大利，於五世紀（傳統年份定為四七六年）瓦解，但東半部羅馬帝國卻延續到一四五三年土耳其人入侵，現代世界的槍砲終於將之打垮為止。

由於東羅馬帝國的政治中心在君士坦丁堡，這個拜占庭的希臘城市（今天的伊斯坦堡），近代史學家在提到它時稱之為「拜占庭帝國」，或簡稱「拜占庭」；它位於全然希臘化的東方，意味希臘語是主要語言，所以拜占庭有時也被稱為「希臘帝國」。儘管如此，要注意很重要的一點，在拜占庭帝國時期，無論敵友，皆視它為羅馬人的國家，而並未在羅馬帝國和拜占庭帝國間劃分明顯的界線。

西元八〇〇年的聖誕節，拜占庭帝國迎來他中世紀的競爭者。教宗利奧三世（Leo III）於羅馬舉行的一場彌撒中（基於他個人的政治因素），為法蘭克國王查理大帝[1]加冕，並賜予他「羅馬皇帝」的頭銜，宣示西羅馬帝國的重生。不過，這個帝國雖占據橫跨法蘭西和日耳曼的領土，其根據地卻是在今天的德國境內，始終不曾完全握有義大利。因此，為了簡化一連串複雜的歷史事件，多數史學家提到查理大帝的加冕時，會錯誤地把西元八〇〇年視為神聖羅馬帝國或日耳曼帝國的開端。從政治上來說，查理大帝的帝國幾乎是馬上就分崩離析了，而且當他的直系血脈在不到一個世紀裡都斷絕了以後，羅馬皇帝的頭銜也跟著消失了。西元九六二年，日耳曼的鄂圖一世（Otto I，查理大帝的遠親）振興了這個頭銜。一一五七年，他的繼承人腓特烈一世．巴巴羅薩（Frederick I Barbarossa）正式在他的頭銜加上「神聖」一詞。

這個日耳曼語系的神聖羅馬帝國也許誠如伏爾泰所形容的：既不「神聖」，也不「羅馬」（因為皇帝是選出來的），但它卻很有彈性，一直延續到十九世紀，直到受啟蒙運動影響的拿破崙一怒之下解散掉了它。

為了清楚起見，在本書裡，我把通行希臘語的東羅馬帝國稱為「拜占庭」，把西方這個通行日耳曼語的帝國稱為「日耳曼」。[2]

1 譯者注：查理大帝（Charlemagne），即俗譯的「查理曼」。

2 編按：作者為區分中古時期兩個不同的「羅馬」帝國，而將其區別為「拜占庭帝國」與「日耳曼帝國」，但考量日耳曼帝國一詞在台灣較不常見，本書在處理時仍將後者譯為神聖羅馬帝國。

歐特維爾家族世系表

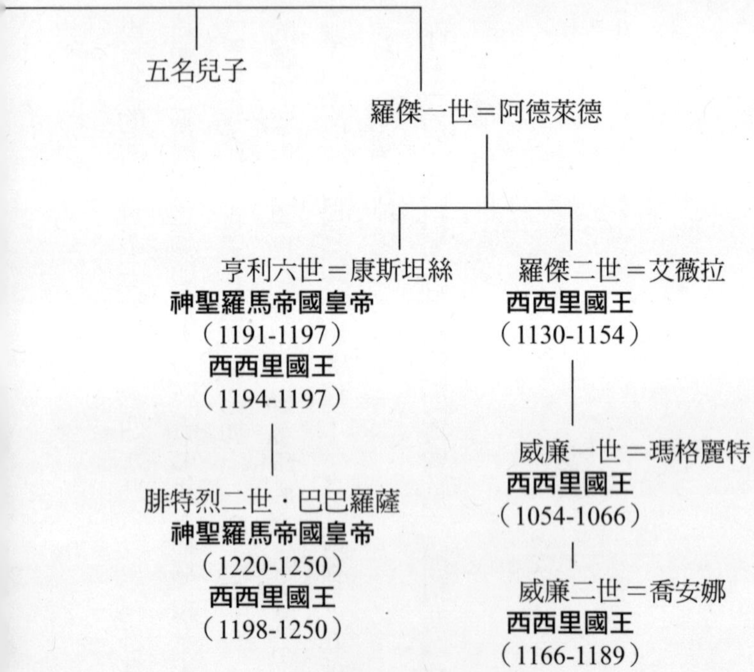
五名兒子
羅傑一世＝阿德萊德
亨利六世＝康斯坦絲
神聖羅馬帝國皇帝
（1191-1197）
西西里國王
（1194-1197）
腓特烈二世．巴巴羅薩
神聖羅馬帝國皇帝
（1220-1250）
西西里國王
（1198-1250）
羅傑二世＝艾薇拉
西西里國王
（1130-1154）
威廉一世＝瑪格麗特
西西里國王
（1054-1066）
威廉二世＝喬安娜
西西里國王
（1166-1189）

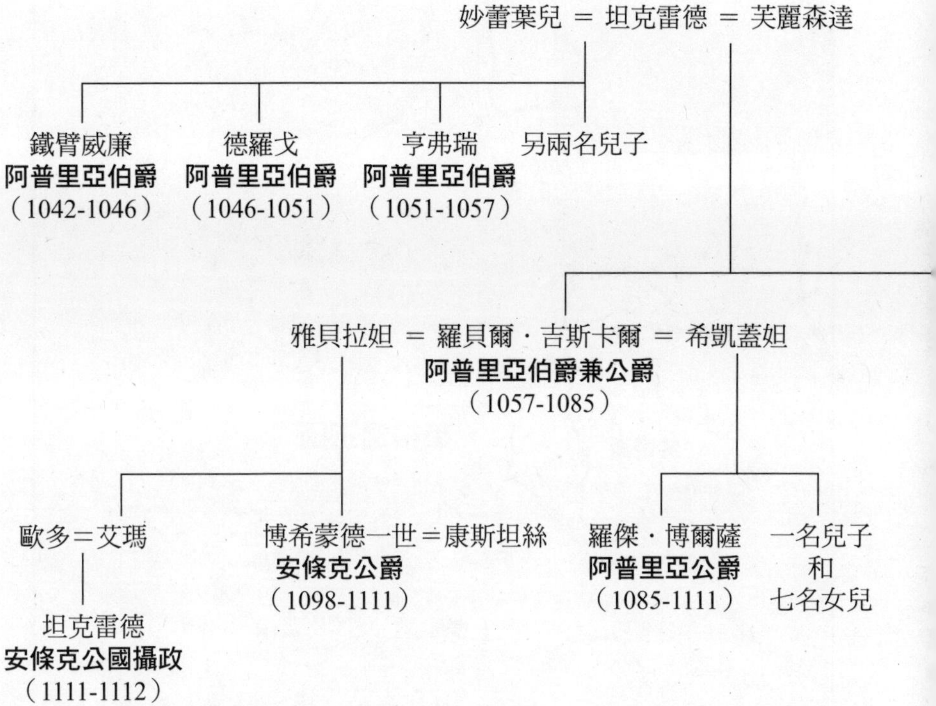
妙蕾葉兒 ＝ 坦克雷德 ＝ 芙麗森達
鐵臂威廉
阿普里亞伯爵
（1042-1046）
德羅戈
阿普里亞伯爵
（1046-1051）
亨弗瑞
阿普里亞伯爵
（1051-1057）
另兩名兒子
雅貝拉妲 ＝ 羅貝爾・吉斯卡爾 ＝ 希凱蓋妲
阿普里亞伯爵兼公爵
（1057-1085）
歐多＝艾瑪
坦克雷德
安條克公國攝政
（1111-1112）
博希蒙德一世＝康斯坦絲
安條克公爵
（1098-1111）
羅傑・博爾薩
阿普里亞公爵
（1085-1111）
一名兒子
和
七名女兒

一〇六六年左右的諾曼地和英格蘭

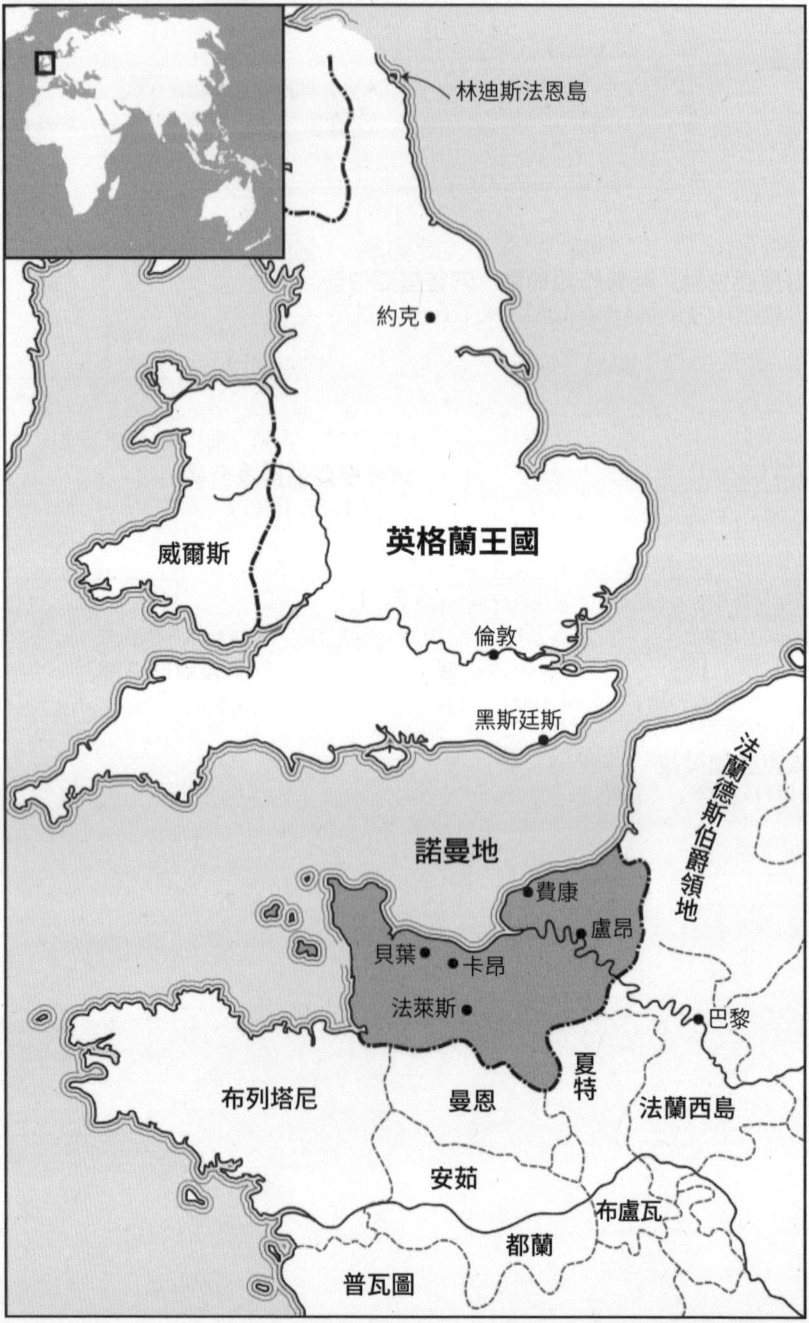

一一〇〇年左右諾曼人的世界

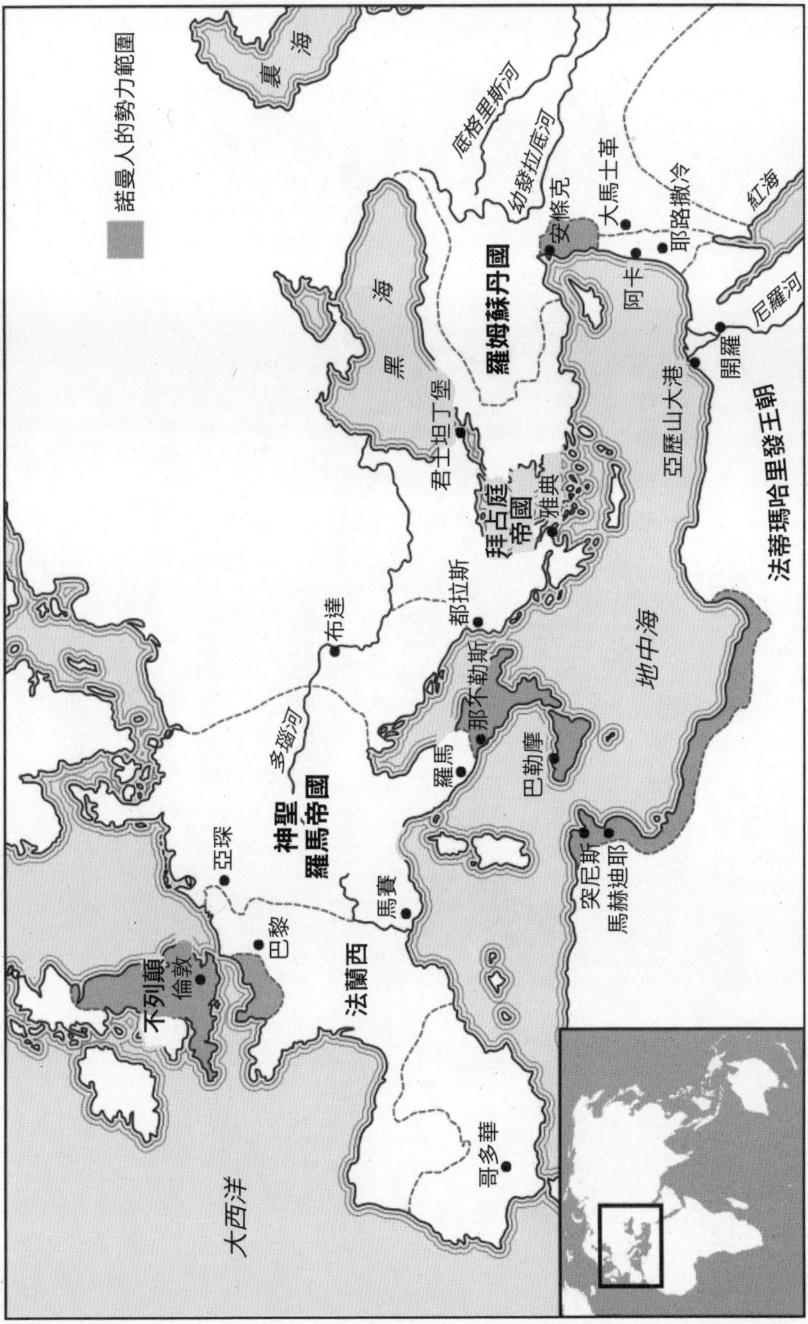
諾曼人的勢力範圍
裏海
底格里斯河
幼發拉底河
黑海
羅姆蘇丹國
安條克
大馬士革
耶路撒冷
紅海
阿卡
尼羅河
開羅
亞歷山大港
法蒂瑪哈里發王朝
君士坦丁堡
拜占庭帝國
雅典
都拉斯
布達
地中海
那不勒斯
巴勒摩
多瑙河
羅馬
神聖羅馬帝國
亞琛
突尼斯
馬赫迪耶
馬賽
巴黎
法蘭西
不列顛
倫敦
哥多華
大西洋

一一三五年左右的十字軍諸王國

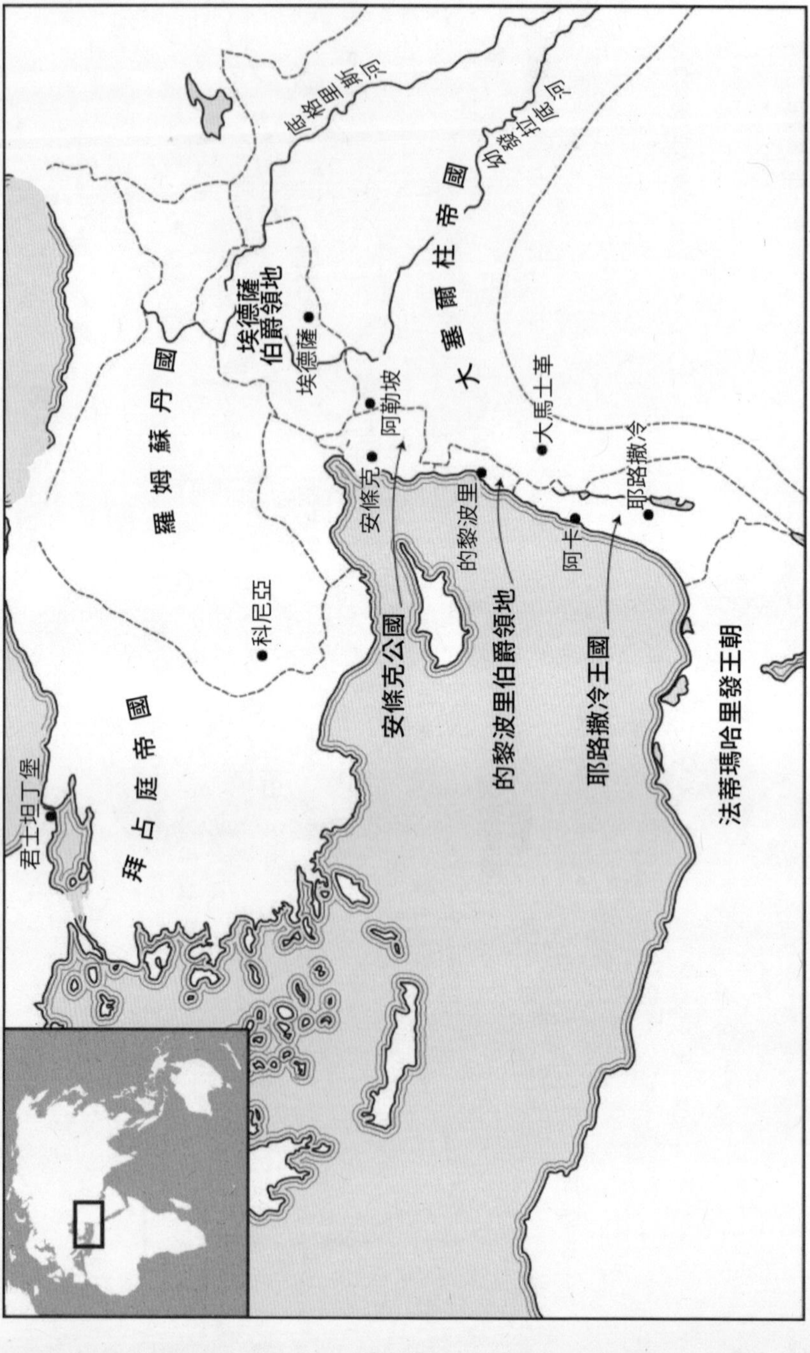

一二〇〇年左右的教宗國

前言

這本書的構思起源於一個問題：西歐本來在軍事、技術和社會層面，都遠落後於與其接壤的中東鄰國，是怎麼做到不但迎頭趕上而且還躍升至全球優勢地位的呢？

在第二個千年開始的時候，一個賭徒是絕對不會把賭注下在西方的，因為看起來老練、擴張中的伊斯蘭哈里發王朝更像是會繼續統領天下，要不或許是有文化、復興中的拜占庭帝國[1]更有機會。歐洲是個屢受重創的空殼，在侵略和疾病的重創下為之

1 作者注：現代對東羅馬帝國的稱呼，有時亦簡稱為「拜占庭」。可參見本書「羅馬、神聖羅馬帝國與拜占庭帝國」一篇章。

粉碎。然而，卻是一群維京人後裔（正是當年把西歐撕裂的這些人），成為此後西歐得以邁向偉大的推手。

歐洲史上的事件，鮮有像諾曼人在西元十一世紀下半葉突然興起這般精采的。就在一個世代之中，他們打造出從北海到北非海岸的王國，並讓歐洲轉了型。他們生活在一個舊秩序正逐漸消失的時代，而他們之中的高明者則似乎具有無限的可能。對於膽大進取者，沒有什麼企圖心是太高遠的，也沒有什麼夢想是不可能實現的。他們是西方第一批大冒險家，他們成了強而有力的榜樣，說明在西元十世紀新世界，出身低賤絕對不是成功的阻礙。

但諾曼人究竟是什麼人？儘管他們很傑出，但卻總帶有一種來歷不明的感覺。他們在法國定居下來，可以在馳名的「貝葉掛毯」[2]上看到諾曼人的發展經過，但嚴格來說，他們不是法國人。他們大多數有名的君王都曾統治過英格蘭，所以很容易被稱為英國人，但他們也可被視為諾斯人[3]或甚至義大利人。甚至連他們的歷史定位也是矛盾的，他們是羅賓漢故事中壓迫人民的壞人，卻同時又被視為英格蘭國家的創立者，建立了現代法律，廢除了奴隸制度。

形成此種混亂的原因之一在於諾曼人的完整歷史並非廣泛為人所知。諾曼人的身分主要由征服者威廉（William the Conqueror）主導，他是沒有父親的私生子，於一〇六六年登陸佩文西海灘（Pevensey Bench），征服了英格蘭的盎格魯─撒克遜王國。然而諾曼人還有另一次的征服，在某方面甚至更值得注意。就在威廉公爵發動侵略的六年前，一位諾曼窮騎士的兒子們率兵南下，創立了一個從義大利南部延伸到突尼斯海岸的王國。他們滿懷維京祖先的蓬勃野心，主導一個多世紀的商業擴張，使得在今天西西里島的巴勒摩（Palermo），成為地中海西部的文化與經濟首都。最重要的是，在基督教國家歷史上最關鍵的時期，他們推動了教宗的勢力增長，在歐洲特質形成的過程中扮演了舉足輕重的角色。

對於出身如此寒微的人而言，這實在是驚人的成就。歐特維爾的坦克雷德（Tancred de Hauteville）是一名住在法國北部的無名諾曼騎士，沒有什麼可以給他的十二個兒子，於是大部分的兒子就南下自行創業。起初，他們擔任卑微的傭兵，但很

2 譯者注：貝葉掛毯（Bayeux Tapestry），創作於十一世紀，長七十公尺，寬半公尺，現存六十二公尺，掛毯繡有整場黑斯廷斯戰役的前後過程，是研究諾曼歷史重要的文物。

3 譯者注：諾斯人（Norsemen），意指「北方來的人」，以下皆簡譯為「北歐人」。

快就證明自己是中世紀最傑出的領袖。無論是在一場戰鬥中單獨殺死敘拉古埃米爾[4]的「鐵臂」威廉（William Iron-Arm），還是俘虜了一位教宗並差點推翻拜占庭帝國的羅貝爾・吉斯卡爾（Robert Guiscard）。坦克雷德的兒子們集野心與堅毅於一身，在四分之三個世紀中，執行了一套很有系統的攻勢，拓展了領土，直到羅傑伯爵（Count Roger）接受了西西里島撒拉森人[5]的無條件投降，並採用了拜占庭皇帝的服飾和習俗。等到歐特維爾家族的小弟去世時，他的親戚已經分別登上巴勒摩、的黎波里（Tripoli）、馬爾他（Malta）以及安條克（Antioch）的王位，這個家族已經在歐洲擁有最強盛、最富有的王國。

然而，歐特維爾家族的重要性不僅在於富有傳奇色彩的人物故事，他們更是整個諾曼人歷史中的一部分，體現一股歐洲大陸快速成長的蓄勢待發能量。十一世紀之初，歐洲大多仍是農耕社會，政治分歧，各自防衛，經濟也不發達。三股非歐洲的強權：拜占庭帝國、西班牙的哈里發王朝[6]、開羅的法蒂瑪哈里發王朝[7]，支配了地中海地區。英格蘭屬於斯堪地那維亞文化圈的一部分，此時羅馬正陷入早期教廷統治的貪腐和政爭困境中，基督教世界也正受到伊斯蘭世界強大勢力的攻擊。

在諾曼人到來後的一個世紀裡，歐洲大部分地區就從封建國家轉型成文化上統

一、政治上強大的地區。他們創立從蘇格蘭延伸到庇里牛斯山的盎格魯—諾曼帝國，取代原有七拼八湊的法蘭西封建國。在義大利，他們發現倫巴底人、拜占庭人、撒拉森人的王公，分別控制著一大堆亂七八糟的行省，諾曼人便建立一個統一的諾曼王國取而代之。拜占庭帝國被趕出了義大利，撒拉森人被驅離了西西里島，復興的羅馬教廷開始對伊斯蘭的展開攻勢，引發後來的收復失地運動[8]和十字軍東征。

諾曼人的崛起正值歐洲發生好幾項根本的轉變。從十一世紀到十二世紀，歐洲人

4 譯者注：敘拉古（Syracuse）是今日義大利西西里島東南邊港市；埃米爾（Emir）則是伊斯蘭國家地方首長或領主的稱號。

5 作者注：撒拉森人（Saracen）雖然原為古典後期用語，意為「阿拉伯人」，但到了中世紀時此語已成為用來指涉從屬伊斯蘭哈里發所有穆斯林的通用詞。

6 譯者注：即倭馬亞王朝（Umayyad）在西班牙的殘存政權，又稱為後倭馬亞王朝或哥多華哈里發國（Caliphate of Córdoba），存續於九二九至一〇三一年。

7 譯者注：法蒂瑪王朝（Fatimid），北非的伊斯蘭王朝，存續於九〇九至一一七一年。

8 譯者注：收復失地運動（Reconquista），位處西班牙的基督教各國逐步驅逐伊斯蘭政權的運動，該運動以七一八年倭馬亞王朝征服西哥德王國為始，一四九二年西班牙攻陷伊斯蘭政權最後據點格拉納達（Granada）為終。

口幾乎增加了一倍。隨著勞動力增長，勞動分工趨向專精，同業公會的成立，以及如風車和船尾舵等技術創新的發明。城鎮的成長催生了自治市鎮的形成，以及中世紀最早的民主實驗。貿易組織如漢薩同盟[9]促成西方與拜占庭和伊斯蘭世界的聯繫，某種程度也再度引領歐洲去學習希臘文化，促成醫學和科學的進步。新式的哥德式建築從法國傳播到歐洲大陸其他地方，隨之而來的是在諾曼修道院中醞釀出的改革運動，催生被後世稱為「十二世紀文藝復興運動」的廣泛學習精神的復甦。地方文學興起，拉丁詩歌和羅馬法律復興，歐洲第一批大學紛紛成立。最後，諾曼人為義大利半島帶來的安定，使得具有改革精神的教宗格列哥里七世（Gregory VII）得以將他基督教社會的理念推廣到義大利以外的遠方，而歐洲一統的概念也隨之產生。

在每次這種運動中，總有個歐特維爾家族的人扮演一個舉足輕重的角色，引發不少事件，使得歐洲開始躍升至世界舞台上的主導地位。然而儘管有眾多成就，南方的諾曼人卻不為多數人所知，被他們知名的北方同胞們掩蓋了光芒。我們對於諾曼人的認知，太多人似乎僅限於黑斯廷斯戰役[10]的始與終，至於歐特維爾家族在歐洲發展過程中的中心角色卻鮮為人知。這有些令人驚訝，因為歐特維爾家族的兄弟們可說是諾曼人的最傑出榜樣，他們與生俱來的適應能力改變了歐洲。他們有此本能辨識出哪些當地的傳統比諾曼人的傳統更優越，並結合不同的文化和法律要素，融為一體。也許因為他們本身就是拼湊而成的民族，因此在每個他們居住的地方都展現出這種務實的傾向。

第一代諾曼人是斯堪地那維亞的維京人，他們在人數上明顯不如法蘭克人，但他們很快就學會如何管理一個民族而不與之敵對。在西西里島，歐特維爾家族更上層樓，完整接收了穆斯林和拜占庭現存的行政架構，結合了法國的高效率，為西西里帶來自羅馬帝國以來就不曾見過的繁榮景象。傭兵搖身一變成為南方君王，用戰爭換來貿易與商業活動。第一次十字軍東征時，基督教世界內部分裂，並與伊斯蘭世界作戰，歐特維爾家族的羅傑組成一支以撒拉森步兵、希臘將軍和諾曼騎兵的混合軍隊，保衛西西里王國。他的成功為歐特維爾家族治理西西里王國樹立了一個模範。融合了

---

9 譯者注：漢薩同盟（Hanseatic League），十二至十三世紀，中歐神聖羅馬帝國與條頓騎士團諸城市之間形成的商業、政治聯盟，以日耳曼北部城市為主。漢薩的德文意思為「公所」或「會館」。

10 譯者注：黑斯廷斯戰役（Battle of Hastings），一〇六六年諾曼人征服英格蘭最具決定性的戰役。

諾曼、伊斯蘭、拜占庭建築風格的蒙瑞阿雷和切法盧主教座堂[11]，至今仍見證了他的成功。

我們需要將諾曼人的故事放置到它在歐洲發展史上應有的位置。歐特維爾家族不像征服英格蘭的諾曼人，他們並沒有公爵國的資源來支援他們，他們發展得很慢，光是征服西西里島，就斷斷續續打了三十年的仗，而且他們得要克服的障礙也很艱巨。然而最終他們的決心獲得了回報，他們的成功也證實是長長久久的。他們集野心、貪婪、膽大妄為於一身，雖令人反感，但卻絕不沉悶。他們在那最不可能的地方——地中海中部，搭建了東西方、基督徒與穆斯林之間的一道橋梁，以一種在中世紀無與倫比的效率統治著，其後也罕有能出其右者。在西方如何走出中世紀初的混亂，進而在全世界擁有重要一席之地，並跨出創造現代世界的第一步，諾曼人扮演了很關鍵的角色。而這本書談的就是他們的故事。

11 譯者注：蒙瑞阿雷（Monreale）與切法盧（Cefalù）皆隸屬西西里島巴勒摩省，這兩座教堂融合了拜占庭、阿拉伯、諾曼的建築風格，而其中蒙瑞阿雷主座教堂是世上現存最大的諾曼式教堂。

序幕　維京人時代

哦，上帝，請保佑我們和我們的財富，免得落入將我們國土化為焦土的野蠻北方人之手。

——聖瓦斯特（St Vaast）或聖梅達爾（St Medard）的應答頌歌詞（約八七〇年）

西元七九三年，林迪斯法恩島[1]修道院僧侶被一幕驚人景象打斷了晚間靜修，夜

1　譯者注：林迪斯法恩島（Lindisfarne），位於英格蘭東北海岸的宗教聖地。

空出現許多火龍，來勢洶洶地盤旋在島上修道院上空，然後消失在黑暗中。跟著是片片閃光，散開在修道院屋頂上廣大的拱形上，以怪異的火焰映出修道院建築。幾星期後，這些火龍又回來了，這次是雕刻在船首。當船靠岸時，手持刻滿怪異盧恩字母[2]長劍的野蠻人一湧而出，在僧侶還來不及逃到安全地方時就追上了他們，修道院被蹂躪時，無論年老或體衰者皆無一倖免。金銀盤子被搶走，珍貴的法衣從衣架上被扯了下來，甚至連骨甕也被砸破以便搜尋貴重物品。搜刮一空後，這些入侵者將一切裝載上船，像來時一樣迅速地離去，留下遍地死屍——誠如一位神職人員後來所記載，就像滿街的糞便。

這還只是暴風雨來臨前給的一道小點心，因為在接下來兩個世紀裡的大部分時間，維京人的猛烈攻擊在北歐爆發開來，撕裂了王國，造成很多沿海城市幾乎人去樓空。這些來自斯堪地那維亞的北歐戰士完全非我族類，不像西歐大多數人已經受到基督教的洗禮，這令他們發動的殘酷襲擊更加惡化；他們不懂得教堂是聖所，因而毫不留情。他們膜拜恐怖的狂戰士[3]神奧丁（Odin），那個會激發瘋狂秉性的獨眼掠奪之神，所以這些體態笨重的戰士們縱使沒了武器，也還是會拚死戰鬥，好像完全感受不到疼痛似的。他們身穿狼皮或熊皮，看起來就像是從冰天雪地北方來的野蠻禽獸。

不過這些狡猾的戰士卻不單是凶殘的野獸而已，他們也能夠有卓越的成就。這要歸功於一位聰明的維京人，發明了不需要龍骨的造船法，因此這些船即使在最淺的河流中，也能夠航行。也就是這種靈活自如的機動性，讓維京人具有致命的殺傷力，即使是長久以來被視為安全無虞，不畏懼海上劫掠者的內陸城市，如今也都在受侵襲的範圍之內。

他們的遊蕩範圍似乎無遠弗屆，這些北歐冒險家向西航行，來到冰島、格陵蘭殖民，最後，就像今天一般所認為的，來到了美洲新大陸。他們在愛爾蘭建立都柏林（Dublin），從西班牙的穆斯林手中[4]占領塞維亞（Seville），侵擾摩洛哥海岸。沿著義

2 譯者注：盧恩字母（Rune），亦稱如尼字母或北歐字母，為已滅絕的字母，在中世紀的歐洲用來書寫某些北歐日耳曼語族的語言，尤其在斯堪地那維亞半島與不列顛群島通用。

3 作者注：在激戰中陷入失控暴怒的維京人被稱為「狂戰士」（berserker），有時還會咬破自己的盾牌，甚至無視最可怕的創口，敵友不分地亂殺一通。

4 作者注：穆斯林軍隊於西元七一一年攻入西班牙，到了該世紀末時，已征服西班牙大部分。他們本來還繼續占有部分西班牙，直到斐迪南二世（Ferdinand II）和伊莎貝拉一世（Isabella I）發起的「收復失地運動」，終於在一四九二年成功將他們驅逐出西班牙。

大利海岸航行時，他們掠奪能發現的最大城市，回到斯堪地那維亞之後再吹噓他們征服了羅馬，但事實上那只是盧納（Luna），義大利大理石的貿易中心而已，根本就與羅馬無關。沒有一座城市是安全的。

英格蘭的盎格魯—撒克遜王國是第一波被捲入這場風暴的國家，維京劫掠者侵占了約克，攻陷倫敦，至少屠戮了兩位英國國王[5]去獻祭奧丁神。其他的維京人向東航行，找到了通往黑海的途徑，在那膽大包天地攻擊強大的君士坦丁堡。這些被拜占庭人稱之為「羅斯」（Rus）的維京人，在東北歐斯拉夫人之地找到了安身立命之所，並給這塊地方取了個名字「俄羅斯」（Russia）。

維京人活動的主要目標是今天的法國北部，這些北歐人對戰利品深感興趣，而再也沒有比法蘭克帝國更誘人的目標了。

到了西元八〇〇年，看來西方世界再造羅馬帝國的大夢已經實現了，法蘭克王查理大帝已將法國、德國、瑞士和北義大利的領土合併為一個王國，教宗也加冕他成為這個新羅馬帝國[6]的皇帝。法蘭克王國貿易蓬勃發展，學術再度振興，財富湧入了法蘭克的國庫，查理大帝在他的國都亞琛（Aachen）蓋了一座宏偉的皇宮，金碧輝煌的宮殿讓他的臣民目眩神迷，查理大帝甚至還很兒戲地興起了迎娶拜占庭女皇的念頭，企圖藉此統一舊羅馬帝國的領地。西元八一四年查理大帝去世時，看來橫跨地中海的羅馬治世（Pax Romana）在法蘭克王國的領導下，似乎將再現曙光。

可惜對法蘭克人來說，沒有一位查理大帝的接班人能跟他相提並論，這件事實從氣餒的、心痛的子民們為他們取的綽號中，就可以明顯地看出。查理的第一個兒子叫「虔誠路易」，這算是最好的了，之後就每況愈下，路易之後是「禿子查理」、「口吃的路易」、「胖子查理」、「瞎子路易」等等。

查理大帝駕崩後，這些不成材的繼承者統治著法蘭克王國，走向令人絕望的分裂。法蘭克王國既富裕但也衰敗，這致命的組合很快就吸引掠奪成性的維京人注意。到了九世紀末時，侵襲已成了家常便飯，以致許多沿海城鎮都荒廢無人煙，甚至連巴黎都曾被短暫占領過。束手無策的法蘭克國王們，無法跟上維京人的侵略速度，就採

---

5 作者注：分別是諾森布里亞的艾拉（Northumbria Ælla）與東盎格利亞的愛德蒙（East Anglican Edmund）。他們受到「血鷹」（blood eagle）酷刑折磨，這是很凶殘的酷刑，先把靠近脊椎的肋骨打斷，然後從傷口拉出肺，看起來像染血的翅膀。要是這樣還活著的話，就放任受刑者慢慢死去。

6 作者注：史家通常稱這個新國家為「神聖羅馬帝國」，以跟早期同名的帝國區分開來。可參見本書「羅馬、神聖羅馬帝國與拜占庭帝國」篇章。

用賄賂侵略者，請他們離去的災難性政策，但這只造成國庫破產，並讓維京人確信法蘭克人孱弱可欺。西元八八〇年，發生了最終一次辱國事件，查理大帝的故都亞琛淪陷於這些侵略者之手，城民眼睜睜看著維京人拿豪華的皇宮與教堂來當馬廄，安置馬匹。法蘭克人因應此次危機的辦法（一如從前應付過的其他敵人），是支付維京人大量的金銀，於是發了大財的維京人吃力地扛著所有戰利品，蹣跚離去。

這場勝利標誌著維京人策略起了微妙變化，這時他們的想法從掠奪轉向了殖民，而北海岸看來特別誘人。法蘭克軍隊根本不足為懼，維京人甚至可以安然無恙地包圍大城市，倒是選擇哪個適當地點殖民這才是難事。這些北歐人是海上民族（通常被他們的受害者稱之為「海狼」），所以任何永久定居點都必須要方便通往海上，巴黎和亞琛也許是很富饒的目標，但卻離海岸太遠，不適合做為基地。諷刺的是，為維京人提供完美地點的卻是來自於他們的一場敗北，而非勝利。

第一章　諾曼公國

法國聖瓦斯特修道院年史所記下的西元八八五年條目，開首就是這令人心驚膽寒的句子：「北方人的怒火，在這片土地上一發不可收拾。」這是再貼切不過的評語了。冬雪剛剛融化，維京人就對法國海岸發動一連串狂襲，並以半世紀來未曾見過的凶殘暴虐持續下去。這一年特別令人士氣受挫，因為法蘭克人民原以為他們對抗這些劫掠者已經占得上風。四年前，法蘭克人在一場罕見的激戰中與北歐人交鋒，殺了大約八千名敵軍，後來有好幾年攻擊的威脅似乎消退了，然而西元八八五年北歐人又發動大舉入侵。

維京人攻擊時通常人數有限，他們最擅長打帶跑的策略，而且小部隊可以確保具有最大的靈活性。然而在那年的十一月，這座島上城市驚恐萬分，因為有三萬多名維京戰士下船踏上巴黎。[1]

從一開始，他們的組織就相當具有流動性。根據傳說，一名巴黎使者被派去談判，卻無法找到「主管」的人。當他要求晉見首領時，北歐人覺得很有趣，告訴他說：「我們都是首領。」事實上，維京人是有一名領袖，相傳稱為西格弗雷德（Sigfred），但卻不是法蘭克人會視為「國王」的那種領袖。他們與其說是一支軍隊，還不如說是一群為了共同的掠奪欲而拼湊在一起的烏合之眾。

維京人希望趁法蘭克人出其不意發動這場攻擊，但經過幾天激戰之後，還是未能突破巴黎人的防守。結果這場圍城戰打了一年之久，最終還是沒有成功，但卻讓歐洲首次看到了這位男人，他的後代將會主宰歐洲大陸的兩端，他的遠親更會坐上英國的王位。他就是後人所熟知的羅洛（Rollo，挪威語Hrolf的拉丁化稱呼），一位可能出身挪威的次要領袖。[2]根據傳說，他是個巨無霸，可憐的維京馬匹根本馱不動他[3]，他因此贏得了「步行者羅洛」（Hrolf Granger）的綽號，因為他到哪兒都只能靠雙腳走路。

羅洛就像所有的維京人一樣，受到發財的前景所誘惑而參與圍城。四十年前，傳奇的北歐戰士朗納爾．洛德布羅克（Ragnar Lodbrok）曾率少數人洗劫了巴黎，帶著將近六千磅重的金銀回到老家，那是嚇壞的法國國王奉送給他的。毫無疑問地，所有參與羅洛圍成戰役的維京人，都聽過朗納爾戰功彪炳的故事，甚至說不定這群戰士中還有一兩位過去曾跟過朗納爾。這是老兵們再創戰功的機會。

如果說羅洛在巴黎表現得很出色，那是因為他決心要這樣做。當戰況擺明不可能速戰速決之時，很多維京人就四散另尋比較容易攻克的目標，到了隔年三月，維京人士氣低落到連名義上的領袖西格弗雷德都願意減價到六十磅白銀（這跟朗納爾的六千

1 作者注：這些數字來自我們孤單的目擊證人僧侶瑟奴斯（Cennus）。大多數現代史學家都認為這個數字過於誇大，然而，估計應該在一萬到一萬五千人之間。不管哪個才是正確數字，這都是歐洲大陸史上空前未有的最大規模維京人入侵。

2 作者注：關於羅洛的祖先究竟源自丹麥或挪威的爭議。最早期的資料提到他是丹麥人，而稱所有維京人為「丹麥人」，十二世紀的北歐長篇歷險傳說故事中則稱他是挪威人。諾曼人自身在這個問題上也存在分歧。由於中世紀的資料來源在大費周章地區分不同的維京人時，通常都認為羅洛的祖先是挪威人，我就把他歸到挪威人那邊去了。

3 作者注：維京人幾乎總是徒步作戰，馬匹只用來馱運武器，偶爾也載人長途跋涉。因此，從歐洲人標準來看維京人的矮種馬，體型偏矮小。

磅白銀天差地別），做為撤軍解圍的酬金。然而，有謠言傳說法蘭克皇帝「胖子查理」（Charles the Fat）正帶著救兵前來，巴黎人心振奮，因此拒付酬金。西格弗雷德又撐了一個月，然後就放棄了，丟下羅洛和其他次要領袖不管。

圍城十一個月後，法蘭克軍隊終於在十月抵達，驅趕剩下來的維京人。羅洛的人馬被包圍在巴黎北邊的蒙馬特（Montmartre），但胖子查理卻決定不攻打他們，而改與他們談判。此時勃艮地省（Burgundy）正在造反，而查理又不擅長指揮作戰。於是羅洛拿到大約六百磅重的白銀，做為交換，查理委派羅洛去掠奪反抗皇帝的領主。

這個協議雙方都能得利，但對羅洛來說，巴黎之夢實在太大，太難以抗拒。西元九一一年的夏天，他又回頭發動異想天開的一擊，在他的大軍曾經失敗的地方，希望能用規模較小的部隊取勝。事實證明，巴黎是很難攻下的，於是羅洛就決定轉移到比較容易下手的目標夏特[4]，去碰碰運氣。

法蘭克軍隊警覺到危險，於是率兵前往，公然迎戰維京人。接著是一場惡鬥，就在維京人快要得勝時，城門忽然大開，夏特主教大吼著衝了出來，一手持十字架，另一手持聖人遺物，城內所有人民跟在他身後一湧而出。這突如其來的一群人扭轉了局勢，到了天黑時，羅洛被困在城北的一座山上。筋疲力盡的法蘭克人決定第二天早上再來收拾他們，所以就撤兵了，但這個狡詐的維京人可沒這麼容易被打敗。午夜時分，羅洛挑選了幾名勇士，派他們潛入法蘭克兵營裡，吹響號角，假裝攻擊即將開始的樣子。法蘭克人驚慌失措地醒來，手忙腳亂地抓起佩劍，其他人則四散奔逃。混亂之中，維京人趁機突破重圍。

隨著黎明降臨，法蘭克人的勇氣也回來了，趕緊趁著維京人還沒上船前去圍剿他們，但羅洛又一次早有準備。他宰殺所有找得到的牛馬，用牛馬屍體堆起一道牆，血肉的腥臭味讓抵達的法蘭克人馬匹嚇得卻步。雙方僵持不下，就在此時，法國國王[5]糊塗查理（Charles the Simple）開了個讓人吃驚的條件給羅洛。他把盧昂[6]及周圍一帶的土地送給羅洛，交換條件是羅洛要皈依基督教，並承諾不再襲擾法蘭克的領土。

這項提議激怒了法蘭克人，但雙方卻都有很好的理由支持這筆交易。收買維京人

4 譯者注：夏特（Chartres），位於巴黎西南方約七十公里處。

5 作者注：查理大帝的帝國分崩離析到沒有皇帝的地步，查理只加冕成為西法蘭克王國的「國王」，亦即原帝國說法語的地區。

6 譯者注：盧昂（Rouen），位於法國北部諾曼地省，為該省的首府。

的政策幾乎讓法蘭克帝國的國庫破產，一百二十多磅的白銀就這樣進了維京人的口袋，這筆金額大約占法國流通錢幣的三分之一。國家根本就沒有金銀可供鑄幣了，老百姓也愈來愈抗拒交出值錢物品給皇室稅收人員。對查理來說更糟的是，維京人嚴重傷害了他的權威。動作遲緩的皇家軍隊無法應付維京人打了就跑的策略，查理的子民則愈來愈信任地方上能提供立即保護的領主，而不相信天高皇帝遠、反應遲鈍的中央政府。王室的權威已經崩潰了，如今真正握有實權的是那些封建公爵。如果巴黎圍城再次重演，查理就會失掉王位。不過，此刻眼前有個一勞永逸的解決方法：還有誰比維京人更適合阻擋維京人的來襲呢？如果他們取得領土，就不得不阻止其他維京人前來洗劫，惱人的海岸防禦問題就會成了羅洛的煩惱，而查理就可以把心思放在其他事務上。

對羅洛來說，他也很熱切地想接受這筆交易。就像大多數維京人一樣，羅洛在十五歲左右起就在海上討生活，此時大概已經五十多歲，已經準備要安定下來。當地的反抗愈來愈強，而破壞一切之後也沒有什麼可收穫的。經過幾十年的不斷襲擾，海岸一帶幾乎已經被廢棄了，而深入內陸掠奪則有遠離船艦的風險。這是個大好機會，羅洛可以用土地上的值錢物品犒賞他的手下，又可以在過程中獲得尊敬。羅洛立刻撲向這個機會。

這項為人所知的「埃普特河畔聖克萊公約」（Treaty of Saint-Clair-sur-Epte），創立了「諾曼人之地」（Terra Normanorum），這諾曼公國（Northman's Duchy）或稱諾曼地（Normandy）的公約，是在兩個主角會面時正式達成的。維京軍閥同意帶著手下全部軍隊受洗，並在典禮中向國王查理致敬。遺憾的是，後面這部分卻做得不漂亮。

依照傳統，承認一位封建領主的表態方式，是要去親吻國王的腳，但羅洛可不願做這種事。當查理伸出腳來時，羅洛命令手下一名戰士去代他執行儀式。這位體格龐大北歐人一把抓住國王的腳，猛然拉到自己嘴邊，把無助的君王掀翻倒在地上。正如他們後來才明白的，這是此後諾曼公爵跟法國君王們關係的最貼切寫照。

查理希望賜地給維京人只是暫時的權宜之計，將來還可收回來，這種事曾有先例，而且從來不曾超過一個世代之久，然而他卻不知不覺發現羅洛是個厲害的對手。羅洛馬上就意識到他擁有了什麼：法國北部首屈一指的一塊土地，有著全國最好的農地。他與他的後代們擁有一種與生俱來的出色適應能力，在接下來的十年裡完成一項非凡壯舉，將一群如烏合之眾的劫掠者轉變成為成功的騎士和領主。

羅洛深明要在新家園裡生存下去，就得贏得法國子民的忠誠才行，但他周圍大多數的人卻不怎麼明白這點。要做到這點，意味著要放棄大半的維京傳統，融入當地百姓中。他取了個法語名字「羅貝爾」（Robert），娶了當地女子，並鼓勵手下也這樣做。在一個世代裡，斯堪地那維亞語言被法語取代，北歐姓名也差不多都消失了。

然而，諾曼人沒有真正完全遺忘他們的維京血脈，後來成為挪威主保聖人的斯堪地那維亞傳奇國王聖奧拉夫（St Olaf），就是在盧昂受洗的。而且晚至十一世紀為止，諾曼人仍然扮演著維京戰隊的領導者，但他們已不再是昔日的劫掠者，這個轉變最能從他們的軍隊看得出來。維京部隊是靠雙腳打仗的，但諾曼將士卻騎馬上戰場。重騎兵的衝鋒陷陣被證實是難以招架，於是諾曼人乘著這股勢不可擋的兵勢征討四方，從不列顛北邊一路打到地中海東岸。

最後的一個改變則花了較久時間才完成，但也同樣深刻。基督教，偕其閃耀生輝的儀式及冠冕堂皇的華麗排場，之所以吸引羅洛，可能是出於一種良機，而非信念。他同時代的人即使認為奧丁大神已經輕易讓位給了基督，也大可獲得奧丁大神的赦免。[7]我們對羅洛的最後印象，是個將賭注下在來世的男人。在捐獻一百磅重的黃金給教會之前，他先獻祭了一百個囚犯給奧丁大神。

基督教也許只是淺植在第一代諾曼人身上，但卻深深扎根於羅洛的後裔心中。儘管新約聖經中要把另一邊臉也轉過來讓人打的教義不怎麼吸引維京人，但舊約聖經中仍有些東西吸引著他們，因此很把皈依基督信仰當一回事。當教宗呼籲要他們協助遠在東方受壓迫的弟兄們時，他們立刻就回應了；諾曼士兵為第一次十字軍東征提供了大部分軍力。

當羅洛終於在西元九三〇年去世時，他給兒子留下了可觀的遺產。他歷經漫漫長路，將追隨他的維京人轉變成諾曼人，把一個占領區轉變為合法國家。但儘管如此，卻仍免不了有山雨欲來的烏雲籠罩在地平線，因為諾曼地的邊界劃分得不好，且又被虎視眈眈的鄰國團團包圍。羅洛活著的時候，手下強大的貴族們聽命於他，但他們卻不認為有什麼理由要把這種忠誠延續到他兒子身上。最令人憂心的是法國王室，一直緊盯著盧昂，要找藉口收復失地。

羅洛已經打下了諾曼地的根基，但諾曼地未來是會欣欣向榮還是走向末路，就要看他兒孫們的表現了。

7 作者注：在發現原來受洗後可免費獲得一件白衣服，羅洛有些手下就被逮到受洗過無數次。

第二章　打造公國

羅洛的去世使得方興未艾的公國不知何去何從。父子相傳的制度尚未實質建立，雖然羅洛的長子威廉一世（William I）顯然是候選人（他已是個三十四歲的老兵），但卻得贏得維京人的領導權才行。

儘管羅洛毋庸置疑是位領袖，但在最後幾年裡他卻不是常勝將軍。他向東擴張大多受阻於強大的鄰國法蘭德斯伯爵（Count of Flanders），而威廉就是很現成的替罪羔羊。有多次的造反都得在羅洛能控制之前先施以殘酷鎮壓，而大部分的反抗是源自於他接納周圍的文化。羅洛或許鼓勵諾曼人去擁抱當地傳統，但威廉卻以很不體面的草率態度放棄了父親的政策。威廉娶了查理大帝的直系後裔，向法國國王宣誓忠誠，甚至開始自稱為「盧昂伯爵」。

這最後一點是典型的諾曼人叫囂。按照埃普特河畔聖克萊公約，威廉的頭銜只是拉丁文的「第一公民」（princeps），在這種情況下，只不過就是通用的「領袖」之意。但若採用法蘭克的頭銜之後，威廉不僅讓他的臣民證實他們心中最害怕的法國化傾向，也讓強大的法蘭德斯伯爵阿努爾夫（Arnulf）起了戒心。

努力阻止諾曼人的得寸進尺已經夠辛苦了，阿努爾夫可不願意見到在野心勃勃的新領袖統治下，一切辛勞又重新來過。當威廉犯了干涉法蘭德斯內政的錯誤時，阿努爾夫決定一勞永逸地解決這個麻煩。阿努爾夫假意要和談，把威廉誘騙到一個島上去討論彼此的歧見，然後暗殺了他。

殺了維京人領袖還不夠，阿努爾夫再補上一刀，邀請了法國國王路易四世（Louis IV）入侵諾曼地。威廉的兒子理查一世（Richard I）年僅九歲，顯然沒有能力組織任何抵抗力量，路易和阿努爾夫的軍隊長驅直入盧昂，抓了理查當人質，當成戰利品送到國王的宮廷裡。

要不是路易國王和阿努爾夫彼此有嫌隙，諾曼地可能就此完蛋了。沒過多久，阿努爾夫就在一怒之下撤軍；少了法蘭德斯的支持，路易的態勢也難保。當一支諾曼地軍隊反攻盧昂時，路易不但吃了敗仗，還在過程中變成了俘虜。欣喜的諾曼人用路易換回他們被俘虜的伯爵，將這位受辱的法王送回他的首都。理查吃了虧，但學了乖，凱旋回到盧昂，以十三歲稚齡接掌繼承權。他統治了接下來的四十九年。

新伯爵面臨的種種問題足以打倒一名成年男子，但他不顧一切全神貫注投入工作，贏得了「無畏的理查」（Richard the Fearless）的稱號。理查很快就證明自己在法蘭克舞台上比他的父親更內行，當法國國王決定再度威脅諾曼地時，理查邀了一群丹麥維京人去洗劫塞納河上游河谷，經過幾週的劫掠後，國王終於開了竅，於是求和。然而理查想要更永久的解方。自查理大帝延續下來的加洛林王朝諸王永遠會對諾曼地新貴充滿敵意，所以他就協助一位野心勃勃的貴族于格．卡佩（Hugues Capet）登上王位，建立卡佩王朝（Capetian），這個王朝延續了三百多年之久。總而言之，對於一個政治生涯始於加洛林國王階下囚的人來說，這可是很驚人的命運逆轉。

理查接下來把注意力轉移到內政上，基督教君主的職責之一，是要照顧好他臣民的精神福祉，然而諾曼地的教會卻處在很糟糕的景況，在前個世紀裡的動亂中，諾曼地大部分修道院建築都廢棄了，神職人員也被從他們的教區趕了出去。接下來的幾十年裡，理查在聖米歇爾山[1]、費康[2]、埃夫勒[3]重建修道院社區，並從歐洲各地招來改革僧侶填滿這些地方。為了表達教會有多重要，他甚至指派小兒子擔任盧昂的大主教（後來他家族裡的統治成員幾乎都延續這個傳統）。由於教育大多掌握在教會手中，因此識字率也逐漸恢復。後代關於早期諾曼王朝的歷史紀錄，也是得自理查在費康所建立的基礎。

隨著神職人員的湧入，諾曼人的聲望日漸提高，理查漸漸不滿足於「伯爵」的頭銜。起初他嘗試採用舊羅馬帝國的「執政官」（Consul）頭銜，後來又換成比較正式的「侯爵」。然而不久之後，他就看上更響亮的稱呼。于格・卡佩本來是位公爵（該頭銜是保留給法蘭克人中的大人物），既然于格已經黃袍加身，空出了這頭銜，理查就挪為己用。鄰國的編年史家（不用說是翻著白眼）提到他時稱之為「海盜公爵」，但反正這頭銜就這樣定了下來。

到了西元九九六年秋天，理查已經掌權達半個世紀，身體愈來愈差。六十三歲時，他已活得比他同時期的人要久，沒幾個人指望他還能再撐幾年。他在貝葉（Bayeux）時病倒了，被移轉到費康他最愛的城堡，他在這鄭重選定了一位繼承人，然後赤腳走到附近的大修道院去領聖餐，並要求死後安葬在修道院教堂的門廊下。第二天晚上，他突然病發，等侍從趕到他身邊時，他已經去世了。

理查生前是位很強勢的公爵，為諾曼地打下了扎實的基礎。諾曼地在他的領導下，已泰半基督教化也封建化，但他最了不起的成就，或許是說服他的斯堪地那維亞子民接受合法性父傳子原則，這遠比不穩定的最強者當家更為可取。

理查的統治也是早期諾曼史上的大分野。關於羅洛和威廉一世的記載充其量只是朦朧不清、傳說多於史實的故事。然而，多虧了理查對教會的贊助，僧侶們又回去寫他們的編年史，而當代的記述也倍增了。因為理查，傳說的迷霧逐漸散去，諾曼地從歷史紀錄中現身出來。

諾曼人當然讚嘆他們這長久在位的公爵，他們幾乎把他封為聖徒。後世熱烈讚揚，緬懷他是個養活窮人者、孤兒守護者、寡婦的護衛者以及俘虜的救贖者。後來的傳說甚至稱他的魂魄夜晚會遊蕩在盧昂街頭，在黑暗的教堂外跟惡魔對峙。然而，對

1 譯者注：聖米歇爾山（Mont-Saint-Michel），位於諾曼地海岸小島上。

2 譯者注：費康（Fécamp），位於諾曼地海岸的港市，瀕臨英吉利海峽。

3 譯者注：埃夫勒（Evreu），位於諾曼地內陸。

他最大的禮讚卻是在他死後一個世紀才出現，在描寫查理大帝的法國史詩傑作《羅蘭之歌》（*Song of Roland*）中，他以「老理查」之姿出現，有著白長鬚和清澈、警醒的雙眼。當然，在查理大帝的時代，諾曼地還不存在，但多虧有了查理，等到這篇史詩寫成時，對法國人來說沒有了諾曼地似乎已是無法想像的事。

第三章　打造諾曼人

若說諾曼人靠「無畏的理查」而贏得了一個公爵之位，那麼他的兒子則為諾曼人贏得了一個身分。妙的是，這有大部分要歸功於英格蘭王國。在打造現代英格蘭的過程中，大家都知道諾曼人所扮演的角色，但大部分人卻不知道反之亦然。英格蘭在打造並定義諾曼地的過程中扮演了關鍵角色。

不列顛群島不僅在八世紀時首當其衝遭受維京劫掠者襲擊，而且對北歐人來說是如此的誘人，以致於一支維京人大軍抱著要完全征服它的意圖，大舉入侵不列顛。當時的盎格魯—撒克遜人分裂成數個王國（傳統數字是七個），因而彼此牽制。幾年之內，維京人征服了除南部威塞克斯王國（Wessex）以外的所有地方。威塞克斯王國淪陷看來也只是時間問題，但幸好對盎格魯─撒克遜人來說，威塞克斯國王是位很高明的戰略家，名叫阿爾弗雷德（Alfred），他設法阻卻了維京人的進擊。在他統治期間，逐漸扭轉了力量平衡，讓自己占得上風，並且緩慢但堅定地把北歐入侵者趕了回去。他做得如此成功，讓他贏得了「大帝」的稱號，這是迄今為止唯一有此成就的英國君主。但阿爾弗雷德最了不起的成就卻是讓維京人相信，英格蘭不再是這麼唾手可得的土地。結果這使得下一波的侵略者，包含冒險家羅洛等人在內，決定改去法國碰碰運氣。

阿爾弗雷德的孫子艾塞斯坦（Æthelstan）繼承其父的努力，甚至把英格蘭的控制勢力擴展到蘇格蘭，他在那裡接受了蘇格蘭國王的歸順，並自稱為「全不列顛國王」（King of all Britain）。在這樣強大的君主統治之下，商貿取代了掠奪，到了理查一世統治諾曼地時，英格蘭已經極其富庶。然而英格蘭人很快就會發現，他們並沒有足夠多的領導者。

新一波維京人的活動打擊了北歐和不列顛群島，而英格蘭國王埃塞爾雷德（Ethelred）卻嘗試開倒車以收買方式應付北歐人（後果非常慘重），使他贏得了不好聽的綽號「決策無方者」埃塞爾雷德[1]。這些前來尋找掠奪物的劫掠者發現財源滾滾，錢來得非常容易，他們只要放火燒掉幾座村子，然後可以坐等國王派代表帶著黃金來收買他們。

埃塞爾雷德的國庫吃不消這樣不斷支付給維京人黃金的壓力，所以他就徵收起一種名為danegeld（意指「維京錢」）的特別稅來應付維京人。對於人民來說，要是付了就可以得到效果的話，那他們是可以接受的，但「維京錢」卻只讓事態更加惡化。「維京錢」不僅讓國庫空虛，沒有讓侵略者打消念頭，反倒吸引更多侵略者前來。這造成國內民心士氣大挫。

在英吉利海峽對岸的諾曼地公爵理查一世，也面臨大同小異的問題，不知道該拿維京人怎麼辦。儘管他們有共同的文化傳承，但這位諾曼公爵最不想見到的就是一群不受控制的維京人搗亂貿易，在他的領土上肆虐。歷代的諾曼領袖都已竭盡全力去說

1 作者注：「決策無方者」埃塞爾雷德（Ethelred the Unready）是用盎格魯—撒克遜語來玩國王名字的高明雙關語。Ethelred的意思是「有智慧的忠告」，而Unraed（Unready）譯出來意思形同「沒有接受過忠告」。可以想像得出一位氣炸了的英格蘭農夫心裡在想：「什麼有智慧的忠告？根本就是沒有接受過忠告。」

服其他基督教國家，他們是文明的基督徒；理查不太可能一邊歡迎這些異教徒劫掠者來到他的領土，一邊保持這種矯飾。更何況誰也不能保證這些維京人不會突然反咬他一口。他們就是想搶錢、搶糧，而諾曼地則有大量可供劫掠的財物。

就在理查仍思索著該怎麼辦時，維京人就迫使他出手了，因為維京人要求進入他的港口，脫手銷售從英格蘭搶來的財物。上了年紀的理查陷入兩難；要不就得積極抵制招惹維京人的怒火，要不就得協助他們，但這麼一來不就證實了已廣為散布的不利傳言：諾曼人本質不過就是群海盜！

也許是因為理查還是覺得要跟維京人攀點關係，也或者是因為他想避免成為維京人攻擊的箭靶。總之不管是什麼原因，理查開放了港口，做好準備去面對那難免的非議。

非議幾乎馬上就爆發了。英國人驚駭萬分地見到同為基督徒的君主，竟然善盡地主之誼款待那些掠奪了他們國家的劫掠者，於是就去向教宗告狀，要求叫諾曼人守規矩。教宗很不情願這樣做，因為當時他正忙於教會改革的種種鬥爭，而諾曼人則在他們的境內大力支持改革。然而，這樁醜聞鬧得沸沸揚揚，結果教宗派了一位代表去見理查，理查也就勉為其難在協議上簽了字，同意不再讓埃塞爾雷德的敵人使用港口。

但是理查也不能完全做到一刀兩斷，他指示商人繼續跟維京人做生意。五年後理查去世了，把這問題留給了兒子處理。

雖然三十三歲的理查二世（Richard II）名義上是私生子，但這回的權力轉移卻很順利，這見證了父子相傳的原則是多麼的根深柢固。重要的婚姻永遠是政治聯姻，而諾曼公爵們則對他們的情婦也一視同仁，公然與她們同居，並視她們所出如婚生子女。一般老百姓則似乎也接受這點，視為昔日異教徒時代的遺風，而且也樂得不去計較。幸運的是理查二世的權威並沒有遭受真正的挑戰，因為他很快就要面對他第一回的試煉。

由於受到數十年來英國易於劫掠的吸引，一支丹麥大軍在西元九九六年南下襲擾威塞克斯，開啟一場對這個王國有系統、為期三年的劫掠。等到埃塞爾雷德籌到足夠的錢去勸他們離開時，這些維京人已經決定他們需要一座基地，從這座基地可以進一步發動劫掠。他們要求理查二世准許他們使用諾曼港口來補給。

理查陷入跟他父親同樣的困境，但也得出同樣的結論。在英格蘭，「決策無方者」埃塞爾雷德開始慌了手腳，他散盡國庫以便迫使維京人離開，結果卻只看到他們在海峽對岸獲得友好的接待（埃塞爾雷德是這麼認為），並且持續他們的攻勢。埃塞爾雷德得想辦法關閉諾曼人的港口。向教宗告狀已證明沒有用處，於是這位國王就嘗試起外交手段。理查二世有個尚未出嫁的妹妹艾瑪（Emma），埃塞爾雷德就提出條件，只要諾曼人同意關閉港口，他就願意迎娶艾瑪。

這對理查來說是天賜良機，而且肯定值得冒著得罪維京人的風險，於是，妙齡的艾瑪就被送到倫敦去了。埃塞爾雷德自信終於解決了維京人的威脅，就下了一道讓人意外的屠殺令，殺害住在英格蘭西南部的丹麥人，然後組了一支龐大的艦隊來防範丹麥人的報復。過了幾個月都未見維京人打算報復時，埃塞爾雷德就用他的海軍去算舊帳了。理查二世也許算得上是最近一個有用的盟友，但多年來英格蘭飽受折磨時，諾曼人卻始終袖手旁觀。現在到了該算總帳的時候了，因此埃塞爾雷德就派了一支特遣艦隊去襲擊諾曼地海岸。這條行軍路線並不難，但埃塞爾雷德此時卻有了更大的麻煩，屠殺丹麥人給了丹麥王「八字鬍」斯萬（Sweyn Forkbeard）最好的侵略藉口。由於理查二世被埃塞爾雷德莫名其妙找了麻煩，因此熱烈歡迎斯萬來到盧昂。雙方正式結盟之後，宣誓永保和平，斯萬繼續前往英格蘭，出乎意外地發現沒遇到什麼阻礙。英國人受夠了他們那位沒用的國王，由於斯萬也是位基督徒，因此他沒遇到基督徒通常對待維京人的那種疑慮。到了年底，這位丹麥人已經坐上英格蘭的王位，而埃塞爾雷德、艾瑪和兩位幼子則尷尬地流亡到諾曼地。

理查二世似乎很快就了解到，他跟維京人締約是做過了頭，諾曼公爵一向都很努力假裝他們是很得體的法國貴族，但周圍的人則對他們的北歐血統抱持深深的懷疑。如今，眾人好像看到了維京人的狐狸尾巴，得體的基督徒、法國王公是不會去跟維京國王簽約，也不會跟維京海盜貿易——更別說利用維京傭兵去威脅其他基督徒。

理查最近正犯下這個錯誤。他跟布列塔尼（Brittany）發生邊界衝突，卻找了北歐戰士[2]來助拳，這讓法國輿論為之譁然。而就法國人的觀感而言，艾瑪跟他的哥哥理查二世有差不多一樣糟的可恥行徑。艾瑪等人被流放不到兩年，她的丈夫埃塞爾雷德及其對手「八字鬍」斯萬雙雙過世，她一點時間也沒浪費，拋下兩名幼子去嫁給了英格蘭新任維京國王。艾瑪其中一個兒子未來成為國王「懺悔者」愛德華（Edward the Confessor），但在當下這兩個孩子都被拋棄，任由他們自生自滅，成了沒有母親的孤兒。

很顯然地，諾曼地正在往斯堪地那維亞人的圈子靠攏，這證明法國百姓長久以來

2 作者注：其中一位戰士就是奧拉夫二世·哈拉爾森（Olav II Haraldsson），挪威日後的國王與主保聖人。

對這位半開化的新鄰居，所抱持的懷疑是正確的。為了刷新諾曼受損的形象，理查二世委託人撰寫一部親法國的諾曼公國史，要對付負面公眾關係，還有什麼辦法比自己編個故事要來得更好的呢？

就這樣，諾曼人的歷史被全面粉刷了，羅洛在挪威取得了高貴的出身；他那凶悍的兒子威廉轉型成為溫柔敦厚的統治者——心如基督僧侶，愛好和平，死如殉道者。理查一世則成了美德典範，為改革教會而戰，也同樣為維護獨立而與強大的北方人作戰。

至於公爵們公開包養情婦的僻好則比較尷尬，這些情婦被賜予「丹麥人的妻子」（Danish wives）的頭銜，好辯解這是從前統治者文明未開時，所沿襲下來的古代北歐異教徒遺風。甚至連理查二世的母親也被史書美化，她原本是理查一世手下一位有勢力領主的女兒，後來成了公爵的情婦，用來鞏固公爵和她父親的關係。但如今她成了出身寒微的護林人之女，在一次狩獵中偶然邂逅公爵，以其美貌和賢淑擄獲了公爵的心。

一位野心勃勃公爵需要這樣的祖先，才匹配得上法國貴族驕傲的血統，祖先們也給了理查二世企求的可信性。理查二世安坐在盧昂宮廷賜封頭銜，大封子爵、城堡總管、王室總管，數量之多，連法國國王也比不上。突然之間，諾曼勢力似乎無所不在，介入鄰國的爭吵，堅持公爵的主權，擴張諾曼地的領土。理查發出的訊息很明確，這些是一位偉大的法國領主才會有的作為，就算沒有他加冕為王，但也跟國王差不多平起平坐了。

等到理查二世在六十四歲高齡自然病逝時，他已經成功將世人對諾曼地的觀感，從維京海盜國家變為法國最強大的省分之一。他是法國國王的朋友、英格蘭國王的舅子，而且至少有五個成年兒子可以繼承他的香火。他受臣民愛戴，稱他為「好人理查」，而且可能根本不用那些宮廷史家的迎合就做到了這點。他比其他任何公爵負起了更多為百姓創造一個身分的責任，並且為日後的更上層樓打下了基礎。

第四章　高貴的魔鬼

中世紀時，統治者的去世永遠如同邀請亂事上門一般，但理查已經為他的繼承人做好了萬全的準備。這位已故的公爵有兩名兄弟和五個兒子，因此不缺派得上用場的繼承人可供挑選。長子理查三世（Richard III）是最明智的選擇，而且理查二世早就有計畫地培養他。當他父親去世時，理查三世三十歲，人緣很好，有經過戰爭歷練，而且最重要的是他已經有一個兒子，可以確保有下一代公爵接班人。他也已經用諾曼地周遭廣大的領土收買了叔叔們和兄弟姊妹們，大家都很滿意地安頓下來，享受得到的新安排。

唯一對這新狀況感到不滿的是理查三世的弟弟羅貝爾，十七歲的他很自命不凡、精力充沛，而且認定了該由自己來主持大局。他分到的遺產是位於諾曼地中部的領土，以位於法萊斯（Falaise）的城堡為中心，安坐於城堡牆內。他大聲宣稱自己才最有資格統治任何願意聽命於他的人。等到他的叔叔們都沒露出絲毫支持他的興趣時，他就乾脆決定造反，並開始在鄉間一路肆虐。

理查三世可沒心情讓他的小弟弟對他胡來，因此一馬當先率軍掃蕩法萊斯，迫使羅貝爾忙不迭趕回城堡。羅貝爾驚見理查已經使出了攻城器械，有條不紊地削弱了城堡的防禦力。羅貝爾被迫喪盡顏面地當眾投降，乖乖回法萊斯去重建他心愛的城堡。

理查收拾了弟弟，卻為後來更大的外交成就搭建了舞台。法國國王有位年幼的女兒，做為理查卓越地位的標誌，她被許配給了理查。但就在這位年輕公爵正在籌備婚禮時，卻突然病死了。大家馬上懷疑他是被毒死的，而且縱使眾人沒有笨到會當面明說，但每個人都懷疑是羅貝爾幹的好事。他的野心眾所周知，且他的行徑也很難昭告他的清白。哥哥的屍骨未寒，羅貝爾就已經搬進公爵府中，並把理查年幼的兒子送進修道院省得礙事。

這事件（也不完全公平）為這位新公爵贏得了「魔鬼羅貝爾」的綽號。中世紀社會的人們是出了名的容易罹患疾病，任何病症都可能毫無預警地襲來。但在中世紀人心目中，猝死是最可怕的命運。猝死意味著沒有時間做準備、告解或舉行臨終儀式，讓死者毫無準備地面對可怕的上帝最後審判日。因為這樣的死法實在太糟糕了，因此中世紀有句很特別的惡毒詛咒是「願你無預警地死去！」當一位很有權勢的人意外有此下場時，一般就會懷疑這不可能是自然死亡，如何解釋則通常要看個人的人緣而定。如果是位腐敗或邪惡的統治者，那就一定是遭受上蒼的懲罰；但如果是位很有前景的統治者，就千篇一律地認定是被毒死的。

雖說哥哥的死讓羅貝爾獲益很多，甚至他也希望兄長早死，但下毒而不走漏一點風聲是不可能的事。他奪取公爵之位的舉動可被歸為野心和務實的表現，也可歸於是種罪行，因為他的動作快又堅定，無疑地也阻止更進一步的流血事件。此外，雖然他的名譽肯定受損了，而且下毒的謠言也困擾他的餘生，但卻無人爭議羅貝爾掌權的正當性，即使理查三世被關在修道院的兒子尼古拉（Nicholas）也是如此。正如後來的諾曼史家淡淡總結說：「羅貝爾是憑著世襲權而得到公國。」

然而，取得政權是一回事，統治則又是另一回事。羅貝爾曾經用盡各種機會去鼓動貴族興風作浪反他哥哥，如今他則困擾於這些造反的貴族。未經批准興建的城堡開始冒了出來，教會土地被沒收，但他太忙於去懲戒那些從一開始就不支持他的人，以致沒空閒去管這些。羅貝爾的叔叔正好是盧昂大主教，當初羅貝爾第一次興兵造反時，叔叔沒有趕去力挺他，現在就輪到叔叔要付出代價。公爵率兵長驅直入叔叔的領土，不顧其抗議，毫不客氣地將他驅逐出諾曼地，並沒收他的財產。如此輕而易舉的勝利鼓勵了羅貝爾，他又轉而去對付他的堂哥，貝葉主教，流放了另一位倒楣的親戚。

這樣染指教會財產的行為，並沒有逃過身在羅馬的教宗法眼，當羅貝爾放逐他的叔叔（盧昂大主教）時，大主教主張對全諾曼地施行禁令，終止一切聖事活動。公爵的行為更強化了這個主張，抗議的神職人員繼續受到忽視，並要他們收拾行李走人，他們的怨言終於傳到了羅馬。最終教宗採取行動，將羅貝爾逐出教會。

公爵被禁止參與聖事活動，罪孽無法得到赦免。如果他在這種處罰中去世，就不准安葬在祝聖過的土地，因此他的遺骸注定不受教會祝福的庇佑。逐出教會就意味成為社會中的棄兒；所有封建忠誠的紐帶都化為烏有。貴族不必服從一個遭社會遺棄的公爵的命令，任何給予他們庇護的人，也會為自己帶來遭教會非難的風險。

這可怕的處罰消息傳到了身在法萊斯的公爵那裡，他正待在最愛的城堡中。但此時的羅貝爾正分神別的事，根本沒把處罰當一回事。因為他剛認識一位很出色的女子，名叫埃爾蕾瓦（Herlève）。

埃爾蕾瓦是個製革匠的女兒，羅貝爾在城堡屋頂散步時窺見了她，傳說她正在幫父親工作，赤腳踏著染色的衣服，提著裙襬以保持裙子潔淨。當她留意到公爵正注意她時，忸怩作態地把裙襬再拉高了一點，羅貝爾因而被她的美腿迷得目眩神馳。被迷住的公爵命一名手下悄悄把她帶來，指示手下將她從後門帶進來後，就直接進公爵的臥房。然而埃爾蕾瓦聲稱，要不就大大方方地走正門進來，要不就乾脆不來。意亂情迷的公爵投降了，於是埃爾蕾瓦就穿著她最好的衣服，得意洋洋地騎著白馬進了城堡。如果埃爾蕾瓦要當公爵的情婦，那麼她就是公爵唯一的情婦，而且要確保大家都知道這一點。九個月後，她給羅貝爾添了一個兒子，這位開心的父親用了第二任諾曼地公爵的名字，為兒子取名「威廉」。

他們的社會地位懸殊，結婚是不可能的。而且羅貝爾很快就發現自己處在要趕快把她嫁給別人的龐大壓力之下，還得終止跟她的關係。早在一個世紀之前，情婦是不成問題的，但是他的父親、祖父曾經鼓勵過的教會改革，開始緩慢重塑諾曼地的道德觀。但比這個更嚴重的，則是羅貝爾被逐出教會。隨著日子一天天過去，他的凡人靈魂也日漸處在危險之中，就連這位急躁魯莽的公爵也無法永遠對這樣的壓力聳聳肩說聲算了。他嚥下傲氣，召回他的大主教叔叔，發還叔叔財產和土地。

此舉是他統治期的大轉捩點，就像莎士比亞劇中年輕的哈爾王子（Prince Hal），他的魯莽日子結束了，現在他決心要讓自己成為一位像樣的公爵。埃爾蕾瓦被嫁了出去，吞沒的教會財產歸還了，並想盡辦法逼使目無法紀的權貴們也這麼做。諾曼地的主要修道院，尤其是費康的修道院，都由他個人掏腰包資助，並列入他的保護之下。

貴族階層抵制所有中央化的意圖，但羅貝爾運用積極的外交政策讓他們顧此失彼。當法蘭德斯伯爵被自己的兒子放逐時，羅貝爾就趁火打劫侵略法蘭德斯，表面上是要讓老伯爵復位，實際上是要擴張自己的影響力。翌年，布列塔尼威脅到聖米歇爾山，羅貝爾就重複同樣的策略，迫使布列塔尼伯爵公開承認附庸地位。一〇三三年的宮廷政變使得年輕的法國國王亨利一世（Henry I）流亡，給了羅貝爾大好機會去拓展諾曼地的範圍。亨利逃到費康，他最有實力的支持者的老家，並向公爵求援。一支軍隊迅速動員起來，羅貝爾直搗巴黎，粉碎了叛軍，扶持亨利復位。

就在羅貝爾忙著在歐洲大陸擁立國王上位的同一年，對岸的英吉利海峽也出現了良機。公爵和盎格魯—撒克遜王室有緊密的關係；他的姑姑艾瑪嫁給了英格蘭國王埃塞爾雷德，艾瑪的兩個兒子阿爾弗雷德和愛德華只比羅貝爾稍長。理查二世公爵統治期間，維京人「八字鬍」斯萬攻下了這個王國，把四名王室成員流放到諾曼地。[1]過沒多久，艾瑪就成了寡婦，她回到英格蘭嫁給了新任英格蘭王克努特[2]，丟下了兩個兒子不管，任他們自生自滅。

羅貝爾的父親理查二世謹慎從事慣了，多少對這兩位英格蘭姪兒的命運漠不關心，但羅貝爾的年齡跟他們相近，而且對堂哥們的困境很是同情。憑著他天生的好眼光，他開始稱大堂哥愛德華為「英格蘭國王」，還向克努特提出一項尷尬的要求：支付他們兄弟倆的贍養費。當克努特對此一笑置之時——他才不會為他的王位對手提供這等好事呢！——羅貝爾就採取進一步的威脅，發動艦隊入侵英格蘭。

第一次的諾曼征服嘗試之舉乃臨時起意，而非精心策劃。艦隊於一〇三三年啟航，但卻遇上了一場風暴，很快就被吹離航道，結果在位處法國沿岸布列塔尼海岸中部登陸。羅貝爾一點也沒浪費這大好機會，下船就率軍在他的鄰國領地內來了一場突襲。

到了一〇三四年，羅貝爾二十五歲，已成為法國最有勢力的霸主，他已經拿下他

1　譯者注：即原英格蘭王埃塞爾雷德、妻子艾瑪和兩位幼子阿爾弗雷德和愛德華。
2　譯者注：克努特（Cnut）是「八字鬍」斯萬的兒子。

的附庸國，主宰了鄰國，威脅一位國王又扶持另一位登基，對於一位個性魯莽的小兒子來說，還真算是很有成就了。他的勢力如日中天，看起來氣定神閒要成為諾曼地最強大的公爵之一。然後就在聖誕時節的宮廷中，他指定八歲的私生子威廉[3]為繼承人，並宣布自己要前往耶路撒冷，震驚了每一個人。

眾人震驚之餘，免不了流傳起醜聞流言，謠傳說羅貝爾是因為良心不安才去耶路撒冷，而這也很戲劇化地證實他的確毒死自己的哥哥。但不管因為內疚、冒險還是身心俱疲驅使了羅貝爾，反正他已橫了心要去。在某種程度上，這個目的地要比去朝聖本身的想法更讓人吃驚。更熱門的朝聖地點是羅馬或西班牙的聖地亞哥—德孔波斯特拉（Santiago de Compostela），前往耶路撒冷的路途不但昂貴，而且也危險得多，因為還要穿過充滿敵意的穆斯林領土。然而在一〇二七年，拜占庭皇帝和耶路撒冷的法蒂瑪王朝[4]統治者達成了協議，保證這些朝聖路線以及通往基督教聖龕路途的安全。因此，前往耶路撒冷聖地的交通大盛，路上擠滿了信徒，都想要趕在耶穌受難一千週年紀念之際抵達聖地。

羅貝爾可能想去朝聖已有一段時日，把公國交託給一個小孩實在是不太負責的事，但他還是決定要去，並做了能做的安排。他一直在訓練兒子威廉慢慢擔當起繼承人的角色，餽贈禮物並在文件上簽名。此刻，在聖誕時節他費康的宮廷裡，他要求手下權貴們宣誓效忠，他們也沒有例外或異議地全都照做了。羅貝爾很滿意自己履行了義務，於是就清空了國庫離開諾曼地，一去不返。

羅貝爾越過阿爾卑斯山，先前往羅馬，沿途奉獻了許多黃金給教堂，以致很快就贏得了「高貴的羅貝爾」（Robert the Magnificent）稱號。他要是再往南走一點，就會遇到第一批滲入義大利半島腳跟處的諾曼人[5]，不過他大概就前往海岸搭船遠赴東方了。羅貝爾在一〇三五年初抵達君士坦丁堡，利用大部分時間在這座城市觀光，甚至還跟皇帝見了面，在諾曼編年史中有段帶點虛榮的記載提到，皇帝據說對他的財富刮目相看。跟皇室交關完之後，這位公爵又繼續趕路，並正好在慶祝復活節時抵達耶路撒冷。

---

3 譯者注：前述情婦埃爾蕾瓦的兒子。

4 作者注：法蒂瑪哈里發王朝是什葉派國家，其領袖宣稱乃穆罕默德女兒法蒂瑪的後裔，雖然根據地在埃及，但他們曾在九六九年攻占了耶路撒冷。

5 作者注：包括歐特維爾家族一位年輕的威廉在內，他很快就贏得了「鐵臂」稱號。參見本書第八章。

耶路撒冷這座城市多的是讓朝聖者掏錢的方法，而羅貝爾去了所有的景點，在聖墓教堂（Church of the Holy Sepulchre）裡祈禱，並走了一趟耶穌十字架受難之路。他的回程路上也同樣充滿樂趣，但當羅貝爾於初夏抵達博斯普魯斯海峽，在迷人的小城尼西亞（Nicaea）稍事逗留時，卻在此意外病倒，並於一〇三五年七月二日病逝。在認可他的名聲已獲平反之際，還是有一則謠言開始流傳，說他是被毒死的，但有位諾曼編年史家卻很虔誠地堅稱，是上帝帶走了他，因為「這個世界匹配不上他的美好」。

羅貝爾的遺體被葬在尼西亞，直到一〇八五年才有一隊諾曼代表團帶羅貝爾回老家。可是當他們走到阿普里亞（Apulia）時，就有消息傳來說現任公爵也去世了，於是他們就在義大利重新安葬遺體，直到今天仍埋葬在那裡。

羅貝爾短暫的統治可謂功過參半，而他任性不負責地丟下國家、遠赴東方，幾乎就等同保證了內戰的發生。且更糟的是，他除了讓強大的貴族發了個天真的誓言外，並沒能做到讓他們真的實踐諾言，這使得他八歲的兒子威廉遭受有政治經驗的貴族團團包圍，格外孤立且弱勢。諾曼地在經過近十年的強勢領導之後，又回到了混亂之中。

第五章　威廉公爵

私生子威廉本來活不過童年，他在八歲稚齡就被父親丟下不管，在危險的諾曼政權鬥爭遊戲中，只是枚無助的棋子，被推到一大群諾曼地權貴面前來，可能還很不知所措，搞不太懂到底發生了什麼事？他只知道父親正要離去。他周圍的人幾乎難掩他們對公爵爵位的野心，不會讓他太好受。總而言之，最大的注意力一定都是放在羅貝爾公爵身上，因為各個貴族都想趁他不在之時謀取地位。

我們找不到關於他們父子倆惜別時的話語紀錄（他們就此永別了），但還是希望起碼有過一些試圖緩和父親離開帶來的打擊的努力，又或許還夾雜著些許忠告以及如何做個男子漢的勸勉。公國的實際行政管理權當然是操縱在別人手中，但當父親不在而他要肩負重任的時刻來臨時，威廉一定是嚇壞了。眼看著父親遠去的身影，必然是威廉人生中感到最寂寞孤單的時刻。

由於羅貝爾去世的消息經過一段時間才傳回來，因此為公國的安定所帶來的危險必然有所減少。公爵是在一〇三四年過完聖誕節才離開諾曼地，雖然他是在隔年才去世，但消息直到一〇三五年八月才傳回諾曼地。到此時，諾曼貴族們已經差不多有將近一年的時間去習慣威廉是新任公爵。要是羅貝爾在家去世，威廉很可能就會被輕易地甩到一旁，畢竟羅貝爾當年取得權力時，就是這樣對待他的姪兒的。

儘管威廉年紀小又沒經驗，但事情倒也不像乍看之下的那麼慘烈。有兩件事對他很有利，其一是眾多的叔父、叔祖父、堂兄弟等雖然可能都曾努力要爭取爵位，但也都公開承認威廉是公爵並宣誓要支持他的名分；這意味他們無法公開打破誓言而不激怒輿論——這點無疑救了威廉的命。第二個有利點是他的監護人，羅貝爾留下了一群很有才幹的人保護並教導他兒子度過未成年時的統治期。這群人之中最主要的是威廉的叔祖父，大主教羅貝爾，他是家族中的政界長老，也是諾曼地教會的領導人。

權力掌握在一個委員會手中，諾曼地有兩年時間如預期的穩定，大主教的威望使得過渡順利，但這位神職領導人能做的畢竟有限，未幾就可看出威廉的父親已經掏空了諾曼地大部分的內部力量。過去的諾曼地公爵都深知和平是要靠收編貴族，因此嚴格規定他們的附庸何時何地可以興建城堡。然而在羅貝爾統治期間，這些規矩被完全打破了。威廉大部分親戚都是伯爵，他們全都擁有效忠自己的領地和多座城堡，而且看不出有什麼理由不能再興建更多城堡。羅貝爾的去世勾起他們的野心，加大了胃口，這些貴族開始擴張勢力，卻讓威廉付出代價。未經允許就興建的城堡如雨後春筍在諾曼地全境冒了出來，更進一步削弱中央的權威，而置身在盧昂的幼主或他的謀臣們也想不出法子來阻止這情況。

威廉統治的隔年，情況加劇，他的大主教叔祖父去世了。沒有一位有威望的人來控制貴族，威廉剩下的那些監護人就開始內鬥傾軋，因為無論誰控制了威廉，就有明顯的優勢，因此接下來的幾年裡，小公爵就被人當成棋子，任由暫時抓到權力的監護人擺布。

就在威廉的從臣分立，動亂蔓延之際，隨著新建的城堡，使得中央實際上不可能真正取得大局的控制權，連低階級的騎士也開始尋求自己的權力，幾乎形同獨立一國。更糟糕的是，他們也開始參加起奪權遊戲，從而控制威廉。

在整個十年裡，這個男孩不斷遷徙，在人數不斷縮減的監護人推擁之下，從一個據點躲往另一個據點，拚命要跑在刺客的刀鋒前面。無情的圈套愈收愈緊，小公爵的家庭教師在回家路上被砍倒，幾個謀臣也被從馬鞍上拖下來宰掉。威廉最有勢力的保護者奧斯本・費茲・阿法斯特（Osbern Fitz Arfast，意味「阿法斯特之子」）由於很有外交才幹，因此成為眾所周知的「和事佬」。他採取了自保措施，睡在威廉的監護室床上。但連這樣也不夠，一名刺客設法溜過衛兵的防守，當著嚇壞的威廉面前割斷了奧斯本的喉嚨。

另外兩名監護人吉貝爾伯爵（Count Gilbert）與阿蘭伯爵（Count Alan）則設法穩住了局面，但吉貝爾在一〇四〇年圍攻一座叛變的城堡時遇難，隔年阿蘭和威廉的家庭教師也都遭暗殺。

威廉之所以最後能保住小命，是因為貴族領悟到一個動亂不安的諾曼地對他們才是有利的。一個弱小的公爵是無害的，而且對於一個在暗殺事件後抓到大權的強人來說，這樣最好不過。貴族真正想要的是聽任他們自行發展，而年紀還小的私生子威廉則幾乎很難干預他們的事。最好嚇得威廉東奔西跑，貴族則去做他們高興做的事。

主教貝萊姆的伊夫二世（Yves II of Belleme）是個可惡的人，不久前才殺害妻子以便迎娶一個更顯赫的人選，他就在公國境內創建一個獨立領域，立了個榜樣。當某些政敵貿然進入他領土時，他就把他們趕進附近的主教座堂裡，然後硬要闖入。由於教堂的門太過牢固，他手下騎士沒法破門而入，他就一把火將教堂連同困在裡面的人燒成灰燼、夷為平地。對於一個主教而言（儘管是位很世俗化的主教），這樣的行徑很不得當，但他似乎完全沒有想過這點。貝萊姆主教就像其他許多貴族同僚一樣，絕不容忍有人挑戰他的權威。

到了此時所有殘餘的中央權威都消失了。誰控制地方上的城堡，就控制周圍地區，動亂也開始吸引虎視眈眈的鄰國注意。布列塔尼公爵是威廉的堂兄弟，宣稱羅貝爾出發前往耶路撒冷之前，曾把兒子託付給布列塔尼。但這個公然宣稱擺明就是假的，他既無法證實也沒有人相信。布列塔尼公爵可能早料到會有這樣的反應，索性就入侵諾曼地，但卻在剛越過邊界時去世，這場入侵威脅也就解除了。然而，一場更嚴峻的攻擊很快隨之而來。當代稱之為「城堡強奪者」（the Castle-grabber）的法王亨利一世，正力圖取得塞納河谷的控制權，在他追趕一名敵人時，越過邊界進入諾曼地，並要求馬上移交一座諾曼城堡給他做為前進基地。等到威廉那些心驚膽戰的監護人照辦之後，這位國王隨即拆掉城堡，然後在帶點威嚇中成功重建成他想要的規格。

法王的入侵引發一場叛亂，許多貴族已經厭倦貪婪的公爵親戚和監護人，於是群集於法王旗下，希望他能擁立一位更強力的領主。甚至連公爵的出生地法萊斯也被叛軍攻陷，為法王效力。

就在局勢隨著時間推移而愈來愈陷入絕境時，突然出現一位沒人聽過，或可說沒料到的人物。威廉十五歲了，在當時的標準來說已是個大人，準備要討回屬於自己的權威。他聯合監護人，把叛變者趕出法萊斯，並士氣高昂地領導部下對抗主謀者。法王亨利察覺到諾曼人的忠心在動搖，反正他也沒準備要長期作戰，於是就撤軍了，聲稱他已經展示過權力並表明了立場。

威廉終於成為一位令人敬畏的人物，一點也不讓人感到驚訝。他一定是儲備了力量才能度過艱困的童年，而且他對代他掌權的易怒監護人也沒有什麼耐心。解散掉他們以後，他換了一批新謀臣，大多是些年輕能幹的個人，他們會終身追隨威廉，並成為英格蘭某些最大的領主。

然而，威廉正在玩一個危險遊戲，大多數被解散的謀臣都是公爵家族的成員，要他們忍受威信受損，還有眼看「新人」升遷爬到他們頭上的屈辱，是不可能的事。其中有些人跟威廉一樣有權繼承王位，於是就漸漸認為也許把威廉廢黜掉就好。

起初他們試著以恭敬的請願以求恢復他們的職位，但隨著威廉持續顯示他清楚無誤的自主想法之後，他們才曉得局勢已經不同了。對於貝萊姆主教伊夫二世之流而言，如今只有一個可行的辦法：公爵得死才行。

一〇四五年發生了一場暗殺未果的行動，失敗主因是密謀行動的成員一團混亂，但這次失敗反而更加強了他們的決心。他們推選威廉的堂哥勃艮地的居伊（Guy of Burgundy）為謀主，擬出刺殺威廉的進一步計畫。計畫關鍵是迅速行動，因為到一〇四六年，威廉就快滿十八歲了，他們可以感受到機會正從指縫間溜走。當威廉前往諾曼地西部狩獵時，這些密謀者就隆重宣誓要在他晚上回到下榻處時下手。

幸虧威廉命大，一名弄臣無意中偷聽到了談話，於是就警告公爵不要返回。威廉提防著同行的人，立刻開溜，避開大路和城鎮，在能涉水的地方過河，並全速穿越過森林。來到里埃（Ryes）時，遇到了一位友善的當地領主，給他換了新馬匹，並派三個兒子護送他，他們四人終於設法安全抵達法萊斯，回到城堡中避難。

半個公國都在造反中，威廉不知道還能信任誰，在走投無路之下，他向他的封建宗主「城堡強奪者」亨利國王求援，這出人意表的決定後來證明是很高明的一招。這兩個男人之間的恩怨倒不怎麼重要，因為在封建歐洲，聯盟關係轉換得很快。一個國王只有在有效掌控附庸時才會強大，因此亨利有充分理由支持威廉。亨利寧願選一位由王權支持的弱勢公爵，而不要一位像勃艮地的居伊這種強勢的競逐者，於是他組軍到法萊斯跟威廉會師。

兩方會師後在瓦爾斯沙丘（Val-ès-Dunes）的平原迎戰叛軍，拚死激戰。但就算扣除幾位臨陣脫逃的，叛軍這邊還是在人數上占了上風。可是叛軍缺乏協調，因為居伊未能按照他認為合適的方式去部署自己及軍隊中的每個貴族。初期的一場小戰鬥把法王從馬背上打了下來，但王室軍隊團結起來反攻數小時之後，叛軍就潰散逃往附近一條河流，在試圖渡河時遭王室軍隊殲滅。[1]

雖然居伊設法逃到布里翁（Brionne）的城堡，又堅持抵抗了幾年，但這場叛變實際上也差不多走到盡頭。少數的貴族遭到流放，而較為重要的則獲得寬恕，乖乖重返宮廷。至於威廉這邊，他則想好好利用這場勝利，迅速行動以鞏固勢力。在中世紀的歐洲，誓言是可以很有力的，威廉或許依稀記得父親當年的聖誕節典禮，因此就在他打勝仗的地點附近舉行了盛大的「和平會議」。這是一場露天會議，該地點的奧恩河（Orne）兩岸不久前才遍布叛軍屍體，正好用來做為很有力的提醒，讓人記住公爵的實力。威廉在會議項目上投入所有人力，僧侶捧著附近一所大修道院的寶貴聖物進行儀式，聚集的貴族則宣示尊重和平。

這是一項重大成就，為了紀念，威廉在該地點上興建了一所小禮拜堂獻給和平。這位年輕的公爵很有理由自豪，他才年僅二十歲，活過艱困的童年，成為不容低估的勢力。但公國內無法無天和私鬥的情況並未完全結束，甚至有些人還是認為他是枚受控制的棋子，但他已取得長足進步來穩定公國。現在他首度開始考慮起婚姻大事，以確保諾曼地的未來。

中世紀的權貴婚姻都是由外人來決定的政治聯姻，注重的是門當戶對，甚少跟感情有關，但威廉卻有難得的獨立自主權。他的父親已逝，母親也沒有置喙餘地來影響任何事情，他的謀臣要不跟他年齡相仿，要不就早已名譽掃地而且被除掉了。他是當代少數能自己挑選妻子的統治者之一，而他也決心要得到教會的認可，以避免重蹈其父的覆轍。

要是威廉想為愛情而結婚，他也會很實際地讓這樁婚姻為他帶來政治上的利益。經過一番搜尋之後，他的眼光落到了美麗的瑪蒂妲（Matilda）身上[2]，她是強大鄰國

1 作者注：由於淹死的人太多，連幾英里外下游的一座磨坊都被屍體堵塞，只好停止運作。

2 作者注：瑪蒂妲身材嬌小，只有一百二十八公分高。

法蘭德斯伯爵的女兒，也是法國國王的外甥女。她會是個激勵人心的婚配對象。她跟威廉年齡相仿，憑藉她的家世就是個令人敬畏的人物，而顯然他們一輩子都忠於彼此。威廉是一位與眾不同的諾曼公爵，因為他既沒有情婦也沒有私生子。

但在他們結婚之前，還是遇到潛在的問題。威廉和瑪蒂妲算來是五代遠房表親，教會則有七代之內的親戚不得通婚的禁令。同時原來瑪蒂妲的母親曾跟威廉的叔父有段婚約，雖然後來並沒有成婚，但仍違反公認的遠親關係規定。

這類問題在中世紀相當常見，由於婚姻通常都要求門當戶對，王室圈子並不大，幾乎每個人彼此都沾親帶故，因此除非基於政治上的理由反對，否則大多數時候大家其實都是睜隻眼、閉隻眼。

然而教宗利奧九世（Leo IX）卻有很多理由要讓諾曼人的日子不好過，身為首位偉大的改革派教宗，他認為統治者應該給人民做個好榜樣，而諾曼地則以神職人員的不良行為而惡名昭彰，除了猖狂地買賣聖職之外，滿腦俗念的神職人員也時常不理會他們的教眾。關於諾曼人濫權的投訴不斷，引起了教宗的注意，而出於他個人的理由，利奧九世對此也無法視而不見。

其中一點，他是依靠神聖羅馬帝國皇帝亨利三世（Henry III）的支持，而亨利則正在跟瑪蒂妲的父親[3]起爭執。且對教宗利奧而言更重要的是，來到義大利的諾曼傭兵已成了相當麻煩的問題。這些傭兵由一對凶悍的兄弟領導，一位叫亨弗瑞（Humphrey），一位叫羅貝爾．吉斯卡爾，他們勢力日增，讓大家都緊張起來，所以利奧本人正要親率一支聯軍將他們趕出義大利。因此當威廉要求教宗同意他迎娶瑪蒂妲時，利奧反而舉行一場會議來譴責神職買賣，這擺明傳達他不贊成的訊息。

毫不意外地，大多數諾曼主教都不去參加這個活動，他們人人幾乎都犯了清規，所以並不想要為他們的情婦們以及其他不檢點的言行來面對責難。那些赴會的神職人員回到諾曼地時，則帶回了壞消息，教宗特別聲明禁止這樁婚姻。

但威廉還是照樣進行婚事，在隔年私下舉行的婚禮中娶了瑪蒂妲。他不用等多久，政治風向就轉變了。諾曼兄弟亨弗瑞與羅貝爾擊敗教宗大軍並俘虜了教宗。一年後，利奧去世，下一任教宗認為跟諾曼勢力媾和是比較明智的選擇。威廉的交換條件是承諾興建兩座大修道院及幾座慈善機構，威廉的婚姻於是獲得了正式認可。

到了此時，威廉腦子裡已經在想著別的事了。安茹（Anjou）伯爵已經遷入鄰近

3 譯者注：即法蘭德斯伯爵。

的曼恩（Maine），並占有位於邊界上的幾座城堡，這一來就威脅到諾曼地及其鄰國，法王亨利向來都對勢力過於強大的附庸甚為提防，於是和威廉安排會師遠征，去試試安茹伯爵的能耐。當威廉抵達時，鄰鎮的居民做了個很不明智的決定，他們把獸皮掛在牆上，並用棍子打著獸皮，一邊高聲吟唱著：「這些毛皮就如同製革匠身上的人皮。」這是不太含蓄地嘲諷威廉的低出身以及其母的職業。滿懷怒火的公爵做出回應：命人拿下三十二名駐軍，當著全鎮斬下他們的手腳，鎮民很快就都投降了。

整場戰事過程短暫，而且證實威廉英勇又精通馬術（如果諾曼的資料來源可信的話），連安茹伯爵都大為激賞。一度，這位諾曼公爵還派了兩個小孩潛入一座城堡放火，驅逐了駐軍。然而，像這樣的兵不厭詐也終於惹火上身。法王亨利眼見威廉的進展飛快而感到不安，開始認定他的盟友此時已太過強大，於是突然倒向安茹伯爵，反過來摧毀他的假想敵公爵。

國王的變節讓局勢格外危險，因為正巧威廉的兩位叔父也同時叛變。因此，威廉採行以退為進的策略，以便爭取時間。由於法王並沒有遭受到抵抗，於是以為勝券在握，就把兵力一分為二，一支在他弟弟指揮下朝盧昂挺進，而他則在鄉間一路掃蕩所有的抵抗。然而不幸的是，這將證實法王的弟弟完全無法勝任統率王室軍隊的工作。

等到法王的兄弟來到上諾曼地時，他連最起碼的夜間警戒都荒廢了，當大軍紮營於莫特梅（Mortemer）的小村莊時，他手下的士兵取得葡萄酒供應，於是決定酒足飯飽後大睡一覺，根本懶得放哨。諾曼軍隊在半夜發起進攻，只留下幾個活口。威廉派了一位使者爬到樹上去向亨利的兵營喊話，告訴他這個慘敗消息。法王謹慎地撤軍了，沒有他的支持，叛軍也就瓦解了。

要說這次失敗的侵略有造成什麼影響的話，那就是加強了威廉的勢力。公爵在軍隊獲得的響亮名聲，讓他牢牢掌控住領地，也震懾了其附庸，使得叛變不太可能成事。在勝利中，他也樂得表現出寬宏大量，兩位叛變的叔父都被流放，但卻給了他們豐厚的津貼，以便配得起公爵兒子的身分。

不過，法王亨利跟威廉間的恩怨尚未了結，顯然亨利低估了這個危險的年輕人，亨利需要趁他羽翼壯大之前，趕快破壞他的威望。一〇五七年，他又再跟安茹伯爵聯手出兵，兵鋒直抵諾曼地南部，決心要將威廉從公爵寶座上拉下來。這次兩名盟友組了一支聯軍前往海岸地區。

由於國中已無叛變需要操心，威廉的地位就穩固得多，但他不打算在一場應付大軍的會戰中拿自己新建立起的威望來冒險。他很樂得玩按兵不動的遊戲，拒絕跟法王的軍隊交鋒，直到時機自己送上門為止。這條策略又再度有了回報。法王並不清楚當地的潮汐狀況，當他率軍橫越一處沼澤河口時恰遇漲潮，將他的軍隊一分為二。就在此時，威廉率軍撲上前去，擱淺的士兵驚慌失措，很多淹死在海中，法王和伯爵無能為力，只能眼睜睜在另外一邊看著這場災難在眼前展開。

這場敗仗嚴重打擊了法王的威望，雖然他設法撤出諾曼地，但從此不復往日榮光。三年後，法王和伯爵都去世了，法國政局有了大幅轉變，新國王只有八歲，安茹伯爵則後繼無人。伯爵的兩個姪兒為了奪權開始打起內戰；狡猾的威廉竭盡所能地讓這個局面得以延長。威廉公爵這輩子以來首次不再受到外來的威脅。

諾曼地從來沒有比此時更自信的了，儘管局勢動盪，但這個公國比鄰國富裕，優秀的移居者也紛紛前來。來自帕維亞[4]的蘭弗朗克（Lanfranc）是位知名教師，他帶來年輕的聖安瑟倫（St Anselm），協助開展了文教復興，後來很快就遍及法國各地。一個龐大的猶太人社群也在盧昂定居下來，使得盧昂成了商業中心，高級葡萄酒貿易也蓬勃發展起來。增加的收益流進貴族的荷包裡，他們則以此興建新的大修道院和教堂，進一步推廣文教復興。

威廉此時可說正處在他人生難得一遇的大好時機中，國內和國外都沒有人可挑戰他，才三十歲出頭，國庫滿溢，背後有個充滿自信的公國，必然看來凡事他都可手到擒來。在威廉飄飄然又自信之餘，他把眼光朝海峽對岸的富庶王國望去。

4 譯者注：帕維亞（Pavia），位於義大利。

第六章 盎格魯—撒克遜王國

英格蘭是顆等著採收的成熟果實。國王「懺悔者」愛德華此時六十歲出頭了，身體很差，沒有兒女，看來也時日無多。對威廉來說更有利的是，這位老國王顯然一心向著諾曼人，只要可以的話，隨時都讓諾曼人謀臣圍繞在他身邊，起碼有三個主教職位和一個伯爵領地指派給了法國人。愛德華比威廉年長二十歲，是威廉的表舅[1]，曾在諾曼地度過漫長的流放歲月，跟公爵家族建立了很緊密的關係。這兩人可能理所當

1 譯者注：愛德華的媽媽艾瑪，是威廉的祖父理查二世的妹妹。

然往來密切，愛德華甚至可能提過讓威廉做他的繼承人。[2]然而在一〇六六年時，這位諾曼公爵卻不是唯一有權要求繼承英格蘭王位的人。

真正長期掌握英格蘭實權者並非國王，而是一位傑出人物戈德溫（Godwin）的家族，此君來歷不明（他似乎有意保持不明），首次露臉是在「懺悔者」愛德華之父「決策無方者」埃塞爾雷德被逐出英格蘭的危機時期。維京王入侵，在隨之而來的鬥爭中，戈德溫選擇支持盎格魯—撒克遜人，這一來大概也就斷送了他的生涯，但這個滑頭的英格蘭人卻跟維京王克努特爭辯說，他的頑固對抗適足以證明他的忠心不二，因而贏得了克努特的認可。畢竟，英格蘭所有權貴都曾宣誓過要效忠他們的國王，然而大多數卻都在一有風吹草動就丟下國王轉投到克努特這邊，誰知道哪天他們會不會又對新王做出同樣的事呢？但從另一方面來看，戈德溫則信守了他的誓言。

克努特不知是對這番說詞還是對這個人刮目相看，總之就讓戈德溫做了威塞克斯伯爵，還把他留在身邊當謀臣，甚至返回丹麥時也帶著他。一〇三五年克努特去世，此時戈德溫已是全國最有權勢的人，克努特兩個兒子先後繼任統治，也都是由他輔佐。就是在這個時期，他初次跟「懺悔者」愛德華打起交道來。

愛德華與其弟阿爾弗雷德都曾隨父放逐，待過諾曼地，而對克努特的兒子「健步如飛的哈羅德」（Harold Harefoot）來說，英吉利海峽對岸有兩個可能跟他爭王位的對手還活得好好的，是很討厭的事。於是哈羅德寫信邀請兩位遭放逐的王子返回英格蘭，並暗示或許可做些安排，共享權力。愛德華似乎在找合適的護送者時遇到點麻煩，而阿爾弗雷德則馬上去了英格蘭，也很快就被戈德溫的手下逮捕。戈德溫手上掌握反叛者的命運，角色非常微妙。要是他選擇支持阿爾弗雷德，或許可從新國王那獲取很優厚的報酬。但另一方面，他早已有權有勢，為這樣一位天真、涉世未深的流放者犯險，實在也說不過去。於是戈德溫就很盡責地把阿爾弗雷德交給了國王，結果阿爾弗雷德被殘忍地刺瞎雙眼，隨後死去。

也許這在政治上是正當的舉措，但這宗謀殺觸怒了輿論，也玷汙戈德溫餘生的名譽。他抗辯說自己在這件事上是無辜的，謊稱自己並沒有執行這行動，但卻一直無法洗清名聲。後來這成了個大問題，因為維京人統治英格蘭的時日出乎意外地短暫。哈

2 作者注：諾曼人的資料來源對於愛德華一直打算要讓威廉成為他的繼承人，表示懷疑。事實上在愛德華統治期間，他曾許諾過許多人繼承權，吊過不少人胃口。這是很精明卻也危險的手法來制衡戈德溫家族的影響力。

羅德繼位後不到五年就去世了，他弟弟就更令人印象深刻，因為他是在一場婚宴中站起來向新郎、新娘敬酒時突然氣絕身亡的。

這一來就使得丹麥國王成了最親近的男繼承人，但英國人已經受夠維京人的統治，開始盼望本土王室重返。戈德溫，這位永遠的政壇生存者，把他的支持轉向仍流放在諾曼地、不太有可能成事的愛德華身上。這是很精明的舉措，這位新王年近四十歲，性格軟弱，容易左右，而野心勃勃的戈德溫則胸懷大計。在英格蘭，有六個大伯爵爵銜，而戈德溫有六個兒子，他打算讓他們都成為伯爵。此外更有希望的是，愛德華仍未婚，而戈德溫有個適婚的女兒，要是他自己無法登上王位，起碼也可以合建一個王朝。

起初幾年，每件事情都如他計畫進行，他女兒當了王后，三分之二的英格蘭土地落入他家族的掌控，有兩個兒子成了很有權勢的伯爵。他沒有算計到的是，國王對一位專橫謀臣所積累的滿腔怨恨——尤其這人跟他家人的死明顯脫不了關係。

愛德華還有別的理由憎恨戈德溫，不管愛德華眼睛往哪看，都會看見這個可惡家族的成員。他們流連在他的宮中，在他的議事廳，甚至他的床上，但愛德華太弱勢，沒有他們就無法統治，但能反擊時他還是會反擊。當戈德溫的長子斯韋恩（Svein），這個家族中的不肖子，綁架一名修女並強姦她之後，愛德華抓住機會公然批評眼前這位權臣。但當寡廉鮮恥的斯韋恩無視於譴責，並殺害自己的表親後，國王流放了這位年輕貴族，任憑戈德溫怎麼鄭重抗辯也無濟於事。第二年伯爵的處境更加糟糕，國王有位諾曼謀臣在多佛（Dover）涉及一起事件，結果有幾位鎮民因此喪生。由於多佛位於戈德溫領地之內，國王就很聰明地下令要他懲處這座城鎮。戈德溫了解鎮民是受到挑釁，並察覺到公眾對愛德華身邊外國謀臣的反感情緒，於是抗命並召集他的軍隊。

宮廷內的反諾曼人情緒或許很高漲，但這次伯爵卻大大估計錯了局勢。儘管雙方彼此敵意很深，但性格務實的英國人卻不願意為了幾個不討人喜歡的法國人而冒內戰的風險。等到國王率軍出現時，戈德溫的軍隊就開始四散而去。眼見支持崩潰而心驚膽戰的伯爵開口詢問國王，他得怎麼做才能恢復和平？愛德華的答覆想必讓他嚇壞了。「把我弟弟還給我。」據說愛德華是這樣回答的。

戈德溫採取了唯一可行的辦法，帶著大筆財富逃出國去，此時他的財富堪比國王。儘管有此打擊，但仍有不少事情對伯爵有利，國王雖然占了上風，但不可能永遠都占上風，而戈德溫在國內則有強大的盟友致力於調解此事。

但最重要的因素還是要回到國王。愛德華天生不具有與人衝突對抗的性格，他常會勃然大怒，但氣頭過了就會回復溫順且多半會寬恕所有人。他太軟弱，無法堅持下去，戈德溫遲早會捲土重來。

事實證明，流放只延續了一年，當戈德溫在法蘭德斯尋求庇護時，他那能幹的兒子哈羅德就遠行到家族位於愛爾蘭的領地去招募額外的支援。父子倆會合後乘船駛往英格蘭，登陸時被當成英雄歡迎。公眾對宮廷裡諾曼人影響力的憎恨再度興起，於是眾人群聚於戈德溫旗下，雙方再度各自武裝，戈德溫則大聲疾呼自己的清白，但這回勢頭卻是反過來針對國王了。愛德華號召集合部隊，但大多數人卻對他置之不理，情勢很明顯，愛德華不得不跟伯爵談條件了。

戈德溫交出了一位兒子、一位孫子等兩名人質，並再度發誓阿爾弗雷德的謀殺案與他無關。國王則心不甘情不願地宣布恢復他的權位與榮譽。戈德溫大獲全勝，唯一美中不足處是人質的命運。兩名人質交由諾曼大主教看管，但由於宮廷裡的反法情緒瀰漫，主教就帶著人質逃往了諾曼地。他們後來落入威廉公爵手中，公爵馬上宣布這視同支持他爭取英國的王位，所以才把這些人交予他。然而，這在當時的英格蘭看來是很遙遠的威脅，於是英格蘭就沒怎麼搭理他。

這最後的連串戰役帶來的壓力讓戈德溫付出了代價，他的身體很快變差。在隔年復活節的宮廷活動中，他中風了，喪失行動能力不久後，六十歲的伯爵就去世了。[3]

但幸好對這個家族來說，戈德溫在國內還有四個兒子，長子哈羅德承繼父親的權位。在他的圓滑處理下，宮廷裡的緊張局勢消退了。新伯爵四十歲出頭，高大英俊，最重要的是，年輕到不可能涉及阿爾弗雷德的謀殺。他的主要性格特點似乎是平易近人的敦厚以及有本事讓人感受到自在。根據他的生平傳記所載，他「可以坦然接受反駁，從不為此報復」，這品格不管在什麼年代的權勢之人身上都是很罕見的。

哈羅德心思細膩，沒法像戈德溫那樣粗暴地支配國王，他反而似乎運用了相當的個人魅力去為愛德華時常亂發脾氣而道歉，安撫受到冒犯的貴族或鄰國，並讓心煩意亂的國王平靜下來。以十一世紀標準而言，他受過高等教育，收藏了很多馴養老鷹的書，可能還懂法語、挪威語、法蘭德斯語、英語以及一些拉丁文，在沃爾瑟姆（Waltham）成立並資助一所世俗學院。他常周遊各地，甚至到過羅馬朝聖，根據一位當代人記載：「帶著戒備的嘲弄態度，一路上經歷了伏擊。」

3 作者注：根據諾曼人的政宣說法，戈德溫是在很生氣地否認他涉及阿爾弗雷德謀殺案時，被一塊麵包給噎死的。

隨著愛德華年紀漸老，他把日常政務都交給哈羅德去處理，以便自己可以專心於他治下的建築大計——興建西敏寺（Westminster Abbey）。哈羅德在掌控國務上的角色廣泛地為人民所認可，通常稱他為subregulus，字面上的意思是「國王之下」，或甚至Dei Gratia Dux（神的恩典所賜公爵），這名號通常是保留給王室人物的。他是位謹慎的總管，在外交事務上遠比愛德華活躍，大部分原因是他以鐵腕來領導。他不像國王那樣柔弱，反而是位精通十八般武藝的戰士，而且必要時很樂意上戰場。他在令人生畏的威爾斯邊境[4]取得了初步經歷，憑著實力取得勁敵的腦袋獻給國王當禮物，以求取和平。然而，就像其他有才幹的統治者一樣，哈羅德也深知蠻力是有限度的，可能的話，他總是寧願避免流血來達成協議。至少有三場叛變在不用打仗的情況下被哈羅德化解掉，而這要歸功於他的外交手腕。

到了一〇五七年，「懺悔者」愛德華顯然不會有兒女了，若非個人性傾向就是生理上的問題，總之國王可能從來沒跟戈德溫的女兒圓房。有個說法認為愛德華想藉由抗拒戈德溫的女兒，來表示他對戈德溫的抵抗，但實際上的結果卻是變成得要開始去找個繼承人。後來他們發現王室有個仍尚存的男性成員在匈牙利，於是就派了個代表團去接他回來，但人在抵達英格蘭之後沒多久就死了，留下了一位名叫艾德嘉

（Edgar）的五歲兒子。這個孩子顯然太小了，無法繼承王國，但危機似乎已經解決了，愛德華只需設法活到艾德嘉長大成人就行了。

事情都上了軌道之後，哈羅德就宿命地離開英格蘭前往諾曼地。我們並不清楚他為何這樣做，貝葉掛毯上只顯示他上了船，卻沒有說明他在做什麼。諾曼人後來宣稱他是來確認威廉對英國王位的擁有權，而某些英格蘭學者則提出同樣不可能的另一種解釋，說他是去海上釣魚，結果卻被吹離了航道。比較可能的動機是，哈羅德是為了解救仍在盧昂當俘虜的弟弟與姪兒。不管是什麼目的，這趟旅程都是場災難。哈羅德的船在諾曼地外海遇到暴風雨，被迫於鄰邦蓬提厄（Ponthieu）登陸，被當地的伯爵抓到扔進牢裡。

威廉簡直不敢相信自己這麼好運，跟他搶王位的主要對手竟然自己送上門來了。這位公爵於是趕快逼蓬提厄伯爵交出哈羅德，護送他到盧昂，並隆重款待他。然後他親自送武器給哈羅德，並邀他一起去攻打鄰近的布列塔尼。哈羅德展現了他慣有的魅

---

4 作者注：威爾斯邊境（Welsh Marches）位於中世紀英格蘭和威爾斯邊界，崎嶇不平且惡名昭彰地難以控管。

力，在演習中讓主人家刮目相看（貝葉掛毯上顯示出他將兩名諾曼士兵從流沙中拖了出來），但是他卻非常清楚自己身處的險境，不抱任何幻想。儘管眾人這樣捧他，但其實他是名階下囚，而大家也都清楚這一點。他們一回到盧昂，威廉就擺明了釋放他得有交換條件。

哈羅德被迫宣誓會支持威廉對英格蘭王位的擁有權，並竭盡全力幫助威廉成為下一任的英格蘭國王。舉行完典禮後，哈羅德獲得釋放，雖然只好跟他弟弟說再見（他們以後再也見不到對方了），但起碼可以安慰一下自己見到了姪兒，威廉已同意讓他姪兒獲得自由。然而，重返英格蘭的旅程可能是愁雲慘霧的。

抵達國門時，他發現另一場危機正在醞釀中，他弟弟托斯提格（Tostig）曾被派任為諾森布里亞（Northumbria）伯爵，但卻管理非常不當，以致讓憤怒的臣民闖入他家，搶走所有沒有釘牢的東西，殺掉逃得太慢的人。此外，並揚言要是他膽敢再回到約克的話，他們還會用同樣方法對付他。事情發生時，托斯提格正在和國王打獵，聽到消息大吃一驚。愛德華似乎跟托斯提格私交很好，老脾氣發作，又是勃然大怒，立刻集結軍隊，但反響卻很冷淡。要採取軍事行動顯然是不可能的了。由於哈羅德認識每個牽涉此事的人，包括那些帶頭的人在內，於是他就以官方特使身分去處理造反的人。但哈羅德卻得面對兩難困境，帶頭造反的人清楚表明，在任何情況之下，他們都不接受托斯提格回來，除非放逐他，否則他們不會放下武器。哈羅德要不就支持自己的家人讓王國陷入內戰，要不就大義滅親，送弟弟去流放。

經過深思熟慮之後，哈羅德選擇了後者；為了國家利益，勢必要犧牲托斯提格。國王正第一次中風，後來又發作了數次幾乎要了他的命，但他也無能為力。托斯提格一直沒有原諒他哥哥，他逃到了蘇格蘭[5]並試圖組一支軍隊去侵略諾森布里亞。

英格蘭沒空理會這個丟人現眼的伯爵，或擔心來自北方的威脅，因為「懺悔者」愛德華就快死了，得要選個正式的繼承人。英格蘭的領導機構，賢人會[6]在一〇六五年十二月開會，拚命向國王尋求指點。問題是，並沒有明確的選擇。哈羅德是最得民心的人選；過去十年裡，他擔當起了政府的重任，而且顯然有成為好國王的品格，但

5 作者注：他到了以後卻發現馬爾科姆三世（Malcolm III）不久前殺害了至尊王馬克白（the High King Macbeth）。

6 譯者注：賢人會（Witan），盎格魯—撒克遜時期的英格蘭一個重要政治機構。賢人會是一種由國王主持召開，會期不定、人數不等的高層會議，與會者主要有被稱為「賢者」或「智者」的高級教士和世俗貴族，包括國王的近臣、王族寵幸和地方長官等等。

他卻沒有王室血統。另一方面，小男孩艾德嘉雖然有王室血統，但他們卻不能昧著良心在這樣的危險時期把王國交給一個小孩。諾曼地的威廉當然正大吼著說他有權繼承王位，但於理卻不太說得過去，更何況諾曼人乃非我族類，賢人會沒有一個成員認真考慮過他。

愛德華始終搖擺不定，拒絕指出任何方向。聖誕前夕他又中風了一次，雖然勉強撐著出席年度的慶典，幾天後卻病到無法出席他花了一輩子興建的西敏寺的祝聖儀式。他陷入昏迷，一月四日迴光返照了一陣子，勉強可說話，執起了哈羅德的手，任命他為繼任者，並求哈羅德幫忙照顧王后。第二天他就去世了。

哈羅德在愛德華安葬當天就加冕登基，無視諾曼人的群起抗議，指他是個違反誓言的人，英格蘭人則反駁說，在脅迫之下發的誓言並無約束力，不過他們也承認哈羅德「立誓太過於輕率」。

新國王設法要化解情況，於是立刻去鞏固他在北部的地位，他發行了鑄有拉丁文「和平」字樣的錢幣，不過諷刺的是他不會見到在他治下有什麼和平可言。消息幾乎是立刻傳來，說諾曼地的威廉正在組建大軍，於是哈羅德號召了「民兵」，這是徵召所有自由民組成的，去防禦海岸。

然而隨著春去夏來，卻沒有見到海平線上出現入侵的艦隊。哈羅德不能永久駐紮他的民兵，他們的服役是有期限的，大多數都得回去從事更重要的收割準備工作。哈羅德盡可能留住了他們，但到了九月八日，補給日漸耗盡，加上每天都有逃兵，他就正式解散了這支軍隊。

中世紀的軍隊沒有在冬天打過仗，現在要趁作戰季節發動大舉入侵為時已晚，因為秋天的暴風雨會使得橫渡英吉利海峽特別艱險。國王撤兵回到倫敦，但一個半星期之後，驚人的消息傳來，英國已遭入侵，但卻不是從諾曼地而來。在毫無預警之下，可怕的維京王「無情者」哈拉爾（Harald Hardrada）已經從北邊殺來，跟他一同前來的還有賣國賊托斯提格。

第七章　征服英格蘭

托斯提格再度露臉且身後還跟了維京人大軍的消息，必然太過聳動，令人難以置信，甚至可能讓托斯提格本人也感到驚訝。在他流放期間，曾經向幾位統治者籲請協助，但卻每次都很沒面子地遭到拒絕。最後，在絕望又孤立無援之下，他航往挪威，想方設法覲見國王「無情者」哈拉爾。

這位維京老漢可不需要別人去說服他打仗，他是個很獨特的人物，即使以他那時期的標準來看也是。一〇六六年時，他五十歲了，第一次在戰役中受傷是三十五年前的事，而且還沒有停下腳步的跡象。「無情者」（Hardrada）一詞可以解為「精打細算者」，那些沒把他的精明放在眼裡的人，通常到頭來會吃到他給的苦頭。他還在世的時候，北歐詩人就已經在歌頌他的事蹟了。他高大無比，有一雙大手，聲若洪鐘，一臉偏赤金色大鬍子，外貌完全就是個分寸不差的維京王。他個人的旗幟上是一片白底上有一隻黑色渡鴉，跟他的名號「焦土者」恰如其分。他雖然名義上是個基督徒（他的同父異母弟弟後來成為挪威的主保聖人），但卻有兩個老婆，人生都奉獻在作戰和囤積黃金兩個目標上。

十五歲那年，他參戰的那方吃了敗仗，結果他得躲在森林裡等傷勢好得差不多了才能遠行。一路跋行進入了俄羅斯後，他在諾夫哥羅德（Novgorod）公爵麾下服役了一年，愛上他雇主的女兒，求婚時卻被拒，因為他既沒有王位也沒有財富，於是他就前往君士坦丁堡尋求挽救解方。對於一個野心勃勃的維京人來說，這座眾城女王（Queen of Cities）充滿了大好機會。君士坦丁堡女皇佐伊（Zoë）是馬其頓王朝（Macedonian）最後一位大帝[1]的女兒，安排他在著名的瓦蘭金衛隊（Varangian Guard）裡服務，這是由斯堪地那維亞傭兵組成的菁英軍團，為帝國提供了最精銳的部隊。精力充沛的哈拉爾很快就擢升成為衛隊長，把時間都花在襲擊掠奪北非和西西里島。他就是在那裡贏得了精明狡猾的名聲。話說他在西西里島包圍一座城鎮時不太順利，這時他留意到結巢在茅屋頂上的鳥兒，白天會飛到樹林裡覓食，於是就命手下去抓這些鳥，在鳥身上綁上碎木，點火之後放掉牠們，驚慌失措的鳥兒急飛回巢中，造成城鎮陷入一片火海。在另一次圍城中他病倒了，在療養期間，他決定上演自己的葬禮。他的手下穿上喪服，去哀求鎮民准許讓哈拉爾有個基督徒的葬禮，可以埋在城牆內的城鎮裡。鎮民傻傻地同意了，還爭論著（據我們所知）誰將取得這些北歐人肯定會用來陪葬的貴重禮物。哈拉爾的手下一進城，就丟下棺材，吹響作戰號角通知藏在鄰近的其餘軍隊，然後屠殺了所有人。

幫帝國打了十年仗之後，哈拉爾聚斂的財富比他之前的任何維京人都要多，因此決定該是時候回去迎娶他的俄羅斯新娘。他早已先把大部分掠奪來的財物都送到諾夫哥羅德保管，等到君士坦丁堡的事情一了結[2]，他就去拿回他的財寶，帶著新妻子回挪威。

當時統治這個國家的是哈拉爾的姪兒，於是哈拉爾就發動內戰把姪兒擠到一邊

1 作者注：即巴西爾二世（Basil II）。輝煌的馬其頓王朝曾統治拜占庭帝國將近兩個世紀。

2 作者注：據說佐伊女皇想跟他結婚，但他拒絕了，於是女皇把他扔進牢裡。當然，他還是從地牢逃了出來。

去。姪兒寬宏大量地將王國的一半分給他，以避免更進一步的流血。五年後，姪兒又很「順便」地死了，於是就剩下哈拉爾成為唯一的國王。這對其他人來說，或許是很令人滿意的結果，但過了一兩個沒有仗打的夏天之後，他就決定也該去當個丹麥王。不過，丹麥人很滿意他們的國王，因此勢均力敵地頑抗他。經歷了十五個寒暑的征討，想登上王位卻不得其果之後，哈拉爾終於明白此路不通，於是難得地休戰了。兩年後，托斯提格來到挪威，把英格蘭王位擺在他面前，許下天馬行空的承諾，而百般無聊的哈拉爾就立刻撲向這機會。他召集軍隊，登上他的維京長船「巨龍號」（Dragon），航向英格蘭。

復活節過後的星期二，一顆「毛茸茸」的星星——哈雷彗星——出現在天空，一般都認為這是凶兆。這時，就在彗星消失後數星期，北歐人就來了，似乎證實了大家最恐懼的事。英格蘭北部地區的兩位伯爵，埃德溫（Edwin）和莫卡（Morcar）才十幾歲，從來沒打過仗，但還是召集當地的臣民在富爾福德（Fulford）迎戰侵略者，該地就在約克城門外一英里處。這場仗打了不到一小時，但對英格蘭人來說卻是場大災難，哈拉爾手下的狂戰士殺進盎格魯—撒克遜人的防線，把他們趕進附近的沼澤裡，後來根據北歐詩人描述，維京人在這殺死的英格蘭人，其人數多到維京人踩著英格蘭人的屍首橫渡沼澤，腳上卻能不沾上泥水。

這場仗決定了約克城的命運，該城立刻投降，以免遭到進一步的屠殺。哈拉爾和托斯提格似乎相信他們已經一舉征服了整個英格蘭北部，於是要求約克城給他們五百名人質。由於湊齊人數需要花點時間，哈拉爾於是同意給約克城四天去找人，規定把人質帶到約克城東邊七英里外的斯坦福橋（Stamford Bridge）去。交代完之後，他們就回到船上，接下來幾天都在飲宴狂歡。

這些船就停泊在離斯坦福橋十四英里遠處，當指定的日子來到時，因為天氣熱，所以哈拉爾手下大部分士兵都沒穿上鏈甲，輕輕鬆鬆前往交接地點。當他們看到約克城那頭有一團塵霧逐漸接近時，還以為是他們的人質來了，可是當這團塵霧靠近時，哈拉爾卻見到武器「如同寒冰般閃亮」。托斯提格死到臨頭都要自欺欺人，向哈拉爾保證說可能只是他的親屬前來向他們表示支持，但很快情況就表明完全不是這回事。

英格蘭國王哈羅德聽到維京人入侵時，人正在倫敦，他設法完成了英格蘭盎格魯—撒克遜史上最出色的軍隊壯舉之一。他召集臣僕之後，立刻奔馳前往搭救約克城，沿途招兵買馬，晝夜不息，在四天之內就驚人地趕了兩百英里路，在外界都還不知道他已經離開倫敦時，就進了約克城。哈羅德在每處主要道路上都派衛兵站哨，以免洩漏他抵達的消息。

第二天他騎馬迎戰敵人，他照例想談條件和平解決，於是問他弟弟肯不肯放下武器，並承諾以回復他的伯爵領地做為交換。「那我的盟友哈拉爾會得到什麼？」托斯提格問道。哈羅德回答：「六英尺的英格蘭土地，由於他比較高大，可能再多給一點。」

此時，哈拉爾本該撤回船上，因為船艦上有後援和補給，但他怒上心頭，先派了三名手下跑腿去把長船上的手下叫來後，他就怒吼著衝殺過去，雙手各持一把戰斧狂舞著。儘管哈拉爾的手下只穿了半副武裝，卻仍然是個可怕的勁敵，這場仗打了將近一天。等到船上的人馬趕到時，哈拉爾已經頸部中箭而死，但殘兵依然苦戰拒絕投降，有些更索性丟棄武器，發起狂戰士的怒火。

夜幕低垂時，戰場上已幾乎沒剩下維京人活口了。第二天，哈拉爾的兒子奧拉夫（Olav）來求情，疲累的哈羅德要他允諾永不再回來之後，就放他走了。當初哈拉爾率領兩百四十艘船艦來到英格蘭，如今卻只需要二十四艘船將殘兵載回挪威。

然而哈羅德沒有多少時間可以享受勝利。哈羅德又花了一星期去善後約克城，當初某部分人輕易向維京人投降，造成那些想要力抗者的反感，於是哈羅德就舉辦盛宴來安撫雙方的緊張情緒，但就在宴會開到一半時，一名信差衝進來報告諾曼人已經在英格蘭南部海岸的佩文西登陸了。

威廉的入侵雖然經過精心策劃，但仍碰上連串的麻煩。他從法國各地徵召組了一支不容小看的軍隊，建造維京式戰船，組了一支艦隊，據說數量將近七百艘之多。人馬和物資湧向了會合點，但各種延誤卻阻礙了這番努力。天氣不肯合作，延誤原本預計在夏末橫渡英吉利海峽，突起的狂風還毀了幾艘船。最重要的是，威廉面對的問題跟哈羅德解散軍隊的原因一樣，諾曼封地的軍隊只義務服役四十天；過了四十天之後，就要跟其他人一樣得付費，而這花費則是愈來愈高。威廉等得愈久，就有更多人懷疑他的成功機會。到了九月中，他的船隻仍然停泊在海岸，加之看似無盡的降雨和大霧，整個計畫面對著化成泡影的威脅。

然後到了九月二十七日，天氣出乎意外地放晴了，威廉登上他那宏偉的旗艦「莫拉號」（Mora，他妻子送他的禮物），立即啟程。在夜晚渡海相當平靜，第二天大清早，瞭望兵看見了古羅馬人在佩文西留下的龐大堡壘城牆，而且威廉的士兵都順利下了船。值得注意的是，這番漫長的延誤結果反而對公爵有利，要是他們在八月初如威廉的盤算而抵達的話，就會面對面遭遇英格蘭人的軍隊。然而如今他們沒有遇到攔阻，由於中世紀軍隊的選擇只有前進或餓死，於是他們就沿途燒殺擄掠朝黑斯廷斯挺進。

兩百英里外的哈羅德已經開始行動。他重複之前史詩般的行軍壯舉，在四天內又趕回倫敦，策劃保國之戰。但這位國王已經身心俱疲，過去兩星期裡，有八天是花在艱苦騎程上，然後打了整整一天的硬仗，剩下五天則花在白費工夫的和事佬活動上。就在這疲累又虛弱的時刻，他聽到消息說威廉來了，公爵帶著當初哈羅德在諾曼地起誓過的聖物，以及教宗將哈羅德逐出教會的詔書，這等於祝福了威廉的入侵。

這是很致命的打擊，清楚地提醒了哈羅德的毀誓，也可怕地證實了上帝的審判將落在他身上。哈羅德的弟弟格斯（Gyrth）求他留下來不要冒險去打仗，說要是兄長死了，就什麼都沒了。格斯更提議由他代兄出征，因為他是可犧牲的；哈羅德可以留在後方，召集更多人馬，一面搜刮掉國內的補給，要是這場仗贏不了威廉，也肯定可以餓死他。這是一個很合理、甚至可說高明的計畫，但哈羅德不假思索地否決掉了，並在十月十四日召集他的人馬到俯瞰黑斯廷斯戰場的狹窄山脊上。

威廉的作戰計畫相當簡單。由於英格蘭人是以盾圍成傳統的盾牆步行前進作戰，他會先以弓箭破壞盾牆防線，然後再派步兵進攻，等到英格蘭人的防線露出破綻時，就派上騎兵負責了結他們。然而，當他把這計畫付諸實行時，盾牆卻出乎意外地堅守住他的攻勢。當騎士殺上山時，他們碰到了英格蘭的侍衛軍，手持巨大戰斧作戰的菁英部隊，經過一番浴血奮戰之後，卻是威廉的騎士敗下陣來。有個英格蘭人見到對手四散而逃，就追下山來，要是那時全軍都跟進的話，這場仗就會到此結束了。這時有謠傳威廉戰死了，於是諾曼人慌張起來，但威廉其實還好好活著，他脫下頭盔，讓大家看到他安然無恙，然後率領一支重整旗鼓的隊伍前往誘敵並痛宰追下山來的英格蘭人。

隨著這一天逐漸消逝，戰事也開始成了消耗戰。諾曼人的弓箭和騎兵攻擊開始造成傷亡，耗損了英格蘭人的防線，使得防線逐漸縮了回去。雙方都開始承受打擊，哈羅德的弟弟格斯和利奧芬（Leofwine）負責指揮兩翼軍隊，這時都陣亡了，威廉則已前後喪失了三匹坐騎。諾曼人的弓箭手開始改換射箭角度，朝上射出，使得箭越過盾牆而落在後方毫不知情的兵士身上。如果我們相信一般的說法，在傍晚時有支箭射中了哈羅德的眼睛，就在國王受了重傷痛苦萬分倒下時，突然衝來四名諾曼騎士，將哈羅德砍成碎塊。

隨著哈羅德的軍旗倒下，戰事很快劃上句點。有些英格蘭人在樹林裡做最後反擊，在逐漸加深的暮色中盡量多殺幾個諾曼追兵，但大多數則乾脆遁逃。威廉勒令手下不准追擊，並開始搜尋哈羅德的屍體，第二天由哈羅德的情婦來協助認屍。威廉命人洗淨屍體，根據傳說，屍體被包在紫色裹屍布中，埋葬在俯瞰海岸的一堆石頭下，墓誌銘上寫著：「奉公爵之命，爾以國王之身長眠於此，嗚呼！哈羅德，願汝仍護佑此灘與此海。」

最為人所知的傳說是威廉僅用一天就推翻了英格蘭的政權，但事實並非如此。他是贏了一場重要戰役，殺掉了對手，但卻仍處在岌岌可危的處境中。就他所知，當地齊集了龐大軍隊來反抗他，而他卻孤立在充滿敵意的國度中，補給有限，沒有後援。他的葡萄酒也愈來愈短缺，這個問題很嚴重，因為當地的水造成他手下患上嚴重的急性腸胃炎，以致有幾個因此死去。與此同時年輕的艾德嘉在倫敦被推選為國王，那裡的世俗貴族宣誓會為他奮戰。

然而令英格蘭人遺憾的是，眼前擺明根本缺乏領導人，幾乎可說沒有一位年過二十歲夠資格的人選。這位少年國王無法發揮多少領導力，等到威廉率軍抵達倫敦時，倫敦貴族的戰鬥意志早就沒了。城門大開，威廉凱旋入城。但他的加冕典禮卻碰上了殺風景的事，因為他的士兵將歡呼聲誤認為造反鬧事的喊聲，於是就放火燒城[3]，但他還是接受了聚集的民眾和貴族按照習俗宣誓效忠，而他也立誓會當個好國王。

無疑威廉是希望統治一群心甘情願、和平的人民，但在他的治下卻很少有和平的時候。哈羅德的兒子們屢次嘗試從愛爾蘭入侵，而少年國王則逃到蘇格蘭，在北方興風作浪，自由身鬥士如傳奇的「喚醒者」赫里沃德（Hereward the Wake），則一再致力於擺脫諾曼人的桎梏。經過五年無情的鎮壓後，威廉總算收服了英格蘭北部，從那之後，幾年都不再有什麼動亂。一〇八三年，威廉的妻子瑪蒂妲去世，少了可以節制威廉的枕邊人，他也就變得日益暴虐。不過威廉的確也做了些了不起的改革，其中最重要的就是《末日審判書》[4]，一部巨細靡遺地記載王國一切所值的龐大普查紀錄。但威廉始終都不喜歡他接收來的英格蘭人民或英格蘭鄉野。他向來都懶得去學習當地語言，且把土地賞給其追隨者的習慣，也造成臣民疏遠他。在英格蘭人眼中，他終生

3 譯者注：根據參考資料，此處是指威廉在教堂內接受加冕，士兵則守在教堂外，典禮中有貴族發出大喊表示贊同加冕，但卻被教堂外的士兵誤以為有人鬧事造反，因而放火燒教堂，結果火勢引發焚城。

4 譯者注：《末日審判書》（*Domesday Book*），一〇八六年，威廉下令製作的英格蘭全國人口財產普查紀錄，百姓覺得財產狀況無所遁藏，彷彿要接受末日審判，故有此稱。

都是位殘忍的外國暴君，最能代表他統治形象的就是在倫敦建的那座龐大建築：白塔，倫敦塔的中心建築。

威廉盡其可能把時間花在諾曼地老家，一〇八七年他就在諾曼地去世。在威廉去世前他曾圍攻一座城堡，在戰役中他的馬突然直立站起身來，造成威廉撞到馬鞍的鞍頭，胃部因而受了致命傷。在臨終前寬恕他的政敵之後，這位五十九歲的君主就離世了，把王國分給他三個兒子。引人關注地，他把最愛的部分，也就是諾曼地公國，給了長子羅貝爾，英格蘭王位給了次子威廉．魯夫斯（William Rufus），小兒子亨利則拿到大約五千磅重的白銀。

威廉的遺體因為太過肥胖，棺材放不下。兒子們忙著為分遺產而爭吵，遺體丟在一旁好幾天沒人管。最後遺體在硬塞進墓室時脹裂了，草草舉行葬禮儀式，讓威廉盡速入土。威廉那場令人驚嘆的英格蘭征服（也是外來侵略者最後一次成功征服這個國家），把英格蘭和歐洲大陸綁在了一起，而從長遠來看，也證明這對歐洲和西方世界都大為有利。但對當時得要捱過這一切過程的人而言，可就一點都不舒服了。

征服英格蘭二十年內，估計有二十萬法國人和諾曼人在英格蘭定居，而每五位本土英格蘭人就有一位死於殺害，或因家畜、農地被奪走而餓死。法語取代英語成為宮廷語言，而且幾乎所有盎格魯—撒克遜的重要人物都從歷史上消失了。英格蘭人被迫眼見他們的領袖被剝奪到貧窮地步，扔進地牢裡，肢解或被殺。他們被課以重稅，大片國土人口遭驅離，以便供給王室發展為狩獵森林，還通過了很多條對本地人不利的懲罰性法規。最可恨的是威廉在英格蘭各地興建的城堡，明顯可見就是他們受壓迫的表徵，因為是用英格蘭人付出的勞力和財富來建造並支付的。

征服英格蘭還帶來另一個包袱。諾曼地的統治者一直是法國國王的附庸，現在多了個英格蘭也並未改變這一點。所以現在英格蘭王也必須因諾曼地的緣故而行禮如儀，但沒有一位不列顛的君王會願意做這種事的。眼前法國君主政體很虛弱，等到他們最終宣示自己的權利時，就會引發一場長達一世紀的戰爭，把英格蘭人趕出法國。

至於國王哈羅德，英國人則開始帶著渴望回想起他那短暫的統治，也就免不了誕生了個傳說，說他並未死在黑斯廷斯戰役中，而是出家當僧侶度過了餘生。我們可以預想到，哈羅德的家人是如何在諾曼人的手中陷入絕境。在被征服之前，他們曾是最富貴顯赫的家族；但在被征服之後，他們就迅速消失在歷史的洪流中。哈羅德的兒子和兄弟們都遭追捕，不是被殺就是坐牢，妻女則流放失散。哈羅德的女兒格莎（Gytha）則逃到俄羅斯西部，在那嫁給了基輔大公，他們的孫女嫁給了丹麥王子，後來生了一個兒子當上丹麥國王。而那位國王的其中一個後裔就是大不列顛女王伊莉莎白二世（Elizabeth II）。因緣巧合，我們如今的王室混融了哈羅德和威廉的血脈。

做為本章最後的後記，英國後來在貝葉立了一個紀念碑，悼念二次大戰期間登陸諾曼地海灘而陣亡的將士。紀念碑下面有塊匾，上頭寫著：「我們曾被威廉征服過，如今則解救了這位征服者的故土。」

第八章 鐵臂威廉

征服英格蘭深深改變了諾曼地，從前混亂的日子已經消退了將近一個世代（威廉的童年時期除外），安定的代價則是為數不少的公爵國貴族子弟大批出走，這些小貴族本來習慣了為所欲為，但卻很快發現在強人公爵統治下的生活意味少了很多自由、良機和權力。隨著個人興建的城堡一座座被拆除，在地強人勢力化為烏有，於是他們愈來愈開始往國外尋找機會。

十一世紀將會證明是個諾曼人冒險的大時代，儘管在威廉征服英格蘭並首次進入倫敦時，十一世紀已經過了一半，但最偉大的征服之舉還在後頭。相當值得注意的是，這些征服之舉大多是同一個家族所取得的成就，而且不是個很顯貴的家族，卻是個名叫「歐特維爾的坦克雷德」騎士的一家人。此君是諾曼人的第二代，祖父跟著羅洛來到諾曼地，在諾曼地南部定居下來，有一小塊地。他的生平沒沒無聞，只知道他異常地生養眾多，除了為數不詳的女兒們之外，他跟第一個妻子生的兒子有五個活了下來，跟第二個妻子又生了七個兒子。由於家境相當貧窮，因此兒女眾多就成了問題，等到兒女到了某個年紀時，他幾乎沒有什麼遺產可以分給兒女。

傳統上，有兩個辦法來解決這問題；兒子們把可繼承的家產分成十二份，結果每份都少到無法養活每個人；或者可一決勝負，勝者拿走全部。幸好這時正好有位叔叔去義大利朝聖完回來，就勸這些排行較小的兒子們去義大利碰碰運氣。

十一世紀初，第一批來到義大利半島的諾曼人，曾在前往耶路撒冷朝聖的途中，於蒙泰聖安傑洛（Monte Sant'Angelo）這座小鎮停留過。這座城鎮蟠踞在阿普里亞鄉間地勢起伏的龐大石灰岩山坡上，一直看來像是特別重要的地方，古羅馬人曾在此設立了香火鼎盛的神龕，供奉醫神阿斯克勒庇俄斯（Asclepius）的一個兒子。傳說此山也是卡爾克斯[1]所屬的聖地，他是《伊里亞德》史詩中了不起的先知。幸虧五世紀時大天使米迦勒在此地及時顯靈，使得異教的衰落也無損於此地的神祕光環和名聲，要說有什麼分別的話，大概就是光環和名聲仍繼續增長。到了十一世紀，大天使顯靈的洞穴已成了朝聖途中必經的大站，教宗、君王以及聖徒們都來拜訪，渴望分享天國奧祕，緊鄰的禮拜堂牆上很快就掛滿神奇獲癒者的還願獻禮，就連最有權勢的世俗統治者也感受到那種感染力。神聖羅馬帝國皇帝鄂圖三世（Otto III）赤腳從羅馬走來此地，而他的繼任者亨利二世（Henry II）則沒有他這麼虔誠，只在洞穴裡住了一晚，想看看傳言是否為真，大天使米迦勒和加百列是否會在半夜顯靈，主持彌撒。

然而，最扭轉乾坤的訪客則在一〇一六年來訪。一群為數四十名、不招搖的騎士，從耶路撒冷朝聖回來途中在此逗留，赴洞穴致敬。就在他們一進到洞裡時，有個身穿希臘式長袍的矮小男人走過來求助，他是名倫巴底人，名叫梅盧斯（Melus），終其一生都在爭取倫巴底人的自由，但卻被拜占庭人驅逐流放。他聲稱，他只需要幾名強壯的傭兵，去把懦弱的拜占庭人趕跑，解救他的同胞。結果他很高興的知道，諾曼人馬上就同意協助他。諾曼人當然不能立刻就協助他，因為他們是以朝聖為目的而來到此地，緊接著就上戰場並不大妥當，但他們答應一年之內會回來。

這些諾曼人可不是出於高貴情操或手足情誼才答應這樁差事，他們其實看不起南

1 譯者注：卡爾克斯（Chalcas），特洛伊戰爭中希臘方的阿波羅神奉祀祭司和隨軍占卜師。

方人，尤其更看不起倫巴底人。不久前，他們曾經目睹一名撒拉森人攻擊薩雷諾城（Salerno），結果當地人的膽小懦弱讓他們很震驚。在他們眼中，義大利人娘娘腔又柔弱，活該處在奴顏婢膝的地位。不過，梅盧斯倒是很摸得透他求助對象的心，因此提出求助時還許以金錢和土地為誘因，這一來就點燃了他們的想像。當他們凝望著展開在眼前陽光普照的阿普里亞鄉間，可以想見這群諾曼人一定對能立足於這片美麗大地上的機會而感到玩味不已。

和倫巴底人的結盟十分短暫，縱然有諾曼人的兵力奧援，他們還是在第一場硬仗中被拜占庭軍隊打得潰不成軍。然而，這場仗卻讓拜占庭人看出諾曼人的戰力很有價值，於是就馬上雇用諾曼人來對付麻煩的叛亂者。放棄協助倫巴底人爭取自由就跟答應協助倫巴底人一樣輕易，諾曼人於是欣然執行起帝國的旨意來。

歐特維爾家族的長子威廉是在一〇三五年左右來到義大利，剛好是在消滅倫巴底人最後一番反抗時。他抵達後幾個月，拜占庭皇帝決定要征服西西里島，於是就大肆招募傭兵。威廉帶著三百名跟隨他的騎士馬上就報名參加。

在拜占庭輝煌的馬其頓王朝治下，帝國已經反轉了面對哈里發政權的劣勢，並大力清掃地中海東部的穆斯林海盜。馬其頓王朝政策方針傳承到一〇二五年，人稱「保加利亞人屠夫」（the Bulgar-Slayer）的巴西爾二世去世後結束，雖然在他之後繼位的皇帝都很軟弱，但巴西爾創立的軍隊卻仍勇猛強大，在敘利亞、安納托利亞與北非沿岸所向披靡，贏得連串勝利。如今帝國軍隊轉移注意力到西西里島，希望清除主要的海盜巢穴，並為帝國贏得生產穀類作物、棉花、糖和果園的豐饒土地。時機看來正是時候，西西里島爆發內戰，貴族勢力分裂，中央政權垮台，此外大部分人口仍是基督徒，可以靠他們裡應外合。

拜占庭皇帝選了喬治・馬尼亞斯（George Maniaces）來指揮入侵，他是拜占庭世界裡冉冉升起的明星，具有個人魅力、桀驁不馴，幾乎在各方面都超群出眾。馬尼亞斯的聲望跟他的體格同樣威武，即使朝廷裡最臨危不亂的廷臣在他面前也會被震懾住。拜占庭御用史家米海爾・普塞路斯（Michael Psellus）描述這位將軍身長十英尺、聲如獅吼，可令整支軍隊喪膽，他以此作結：「第一次見到馬尼亞斯的人，就會發現有關他的任何描述都太低估了他。」

馬尼亞斯的崛起可說是時勢造英雄，很出人意表。十年前，他原本是泰勒其（Teluch）的總督，這是安納托利亞一座沒沒無名的城市，要不是皇室遭遇了一場倒楣的受辱，這城市可能依然長期如此。話說那個倒楣的皇帝羅曼努斯三世・阿爾吉魯斯（Romanus Argyrus）想要耀武揚威，於是發動戰爭去對抗哈里發，但就在他率兵行經泰勒其北面一處隘口時，遭到撒拉森騎兵突襲。幸虧皇帝反應快，迅速喬裝，才得以逃脫，但軍隊卻驚慌四散。撒拉森人滿載著從皇室輜重裡劫掠來的財物，騎向泰勒其城，興高采烈通知馬亞尼斯，皇帝吃敗仗的消息，還理所當然推算皇帝已經死了，全軍已覆沒了。由於夜晚即將來臨，撒拉森人就樂得大方允許馬尼亞斯等到第二天早上再開城投降，要是他敢膽拒降，就一定對他採取可怕的報復行動。

馬尼亞斯表現得很恐慌，向撒拉森人保證天一亮就會帶著該城所有的財物，前去他們的營地。為了表示他的善意，他還派人送去大量的食物和酒給這些勝利者享用。葡萄酒尤其發揮了預期的效果，撒拉森人正乾渴難耐，又想要慶祝一番。沒過多久，撒拉森人就爛醉如泥，於是馬尼亞斯的士兵溜進營帳殺掉每一個人。等到完成這件血腥工作之後，馬尼亞斯命人割下每具屍體的耳朵跟鼻子，並把這些恐怖的戰利品裝在一個袋子裡。第二天早上，他騎馬出發去找他那位臨陣脫逃的皇帝，報告勝果之後，就把那袋耳鼻都倒了出來。欣喜萬分的羅曼努斯三世當場馬上升他的官職。

即使年輕性急的騎士如歐特維爾家的威廉，也必然發現了馬尼亞斯聚集在西西里島的軍隊很令人刮目相看。除了常見的由義大利冒險家組成的傭兵，以及強迫入伍而滿肚子牢騷的倫巴底人之外，這位將軍還帶了一群兇猛的保加利亞人和拜占庭的瓦蘭金衛隊，這些瓦蘭金衛隊是由一位已成半傳奇人物的北歐人，「無情者」哈拉爾所指揮。[2]

起初這隻大軍攻無不克，首先拿下了墨西拿（Messina），接著是特羅伊納（Troina）和拉梅塔（Rametta）。其後不到兩年，西西里島東部十幾個主要堡壘都被攻下了，唯有敘拉古尚能堅守。當地一位穆斯林埃米爾激勵人心的抵禦，屢次挫敗拜占庭人的攻城之舉，而每次攻城不果都大大打擊圍城軍隊的士氣。在經過一段艱辛苦戰之後，城門突然大開，埃米爾一馬當先率軍衝出，這番出擊出乎拜占庭人的意料，驚慌撤退。威廉在城牆的另一頭眼看著撤退就快演變成全面潰敗，於是當機立斷採取行動，直接衝向埃米爾，持劍全力向他揮去，這一擊將埃米爾劈成了兩半，當場喪命。士氣受挫的撒拉森人退回城內，但鬥志已所剩無幾，於是要求談和。

威廉的利劍一揮，就把敘拉古送到了拜占庭人手上，且更重要的是，從此為歐特維爾家族名聲打下了基礎。從那天起，他就成了眾所周知的「鐵臂威廉」（William

2 譯者注：關於哈拉爾的故事可見本書第七章。

Iron Arm），也成了義大利南部諾曼人無可爭議的領袖，等他回到義大利半島時，他已搖身一變成為當時最知名的人物，他的到來也掀起了諾曼人的第一波天命。從前當人傭兵的日子已成過去，從現在開始，諾曼人會自己當家作主。

諾曼人這種對自身價值的自覺，對拜占庭人來說可真來得不是時候，因為儘管屢戰屢勝，但這場戰事已逐漸四分五裂，帝國朝廷一向都對戰功太彪炳的將軍懷著猜忌，為此已經開始放慢了運輸補給，傭兵的糧餉也出現延誤，而彼此間分贓不勻更產生了內訌。等到諾曼人傭兵派了一位倫巴底使者正式向馬尼亞斯提交投訴時，事情就發展到了嚴重關頭。很典型地，這位剛愎自用的將軍認為此舉是針對他個人而來，於是命人鞭打使者，然後在軍營裡遊行示眾。不滿的諾曼人就此退出遠征軍，強烈抗議他們所遭受的待遇。

儘管落得如此下場，但威廉的西西里島遠征卻是個了不起的成就，他學到了很寶貴的一課，西西里島富饒又四分五裂，而且有很多基督徒盟友可以裡應外合協助入侵，這最後一點則留待更適合的時刻才派上用場，等到時機對了，歐特維爾家族會善加利用。

與此同時，威廉則開始展現他的力量。為了重燃他跟倫巴底人的老交情，他鼓動一場造反，組了一支由倫巴底人和諾曼人合組的軍隊，入侵拜占庭帝國在義大利半島最富庶的領地阿普里亞。梅爾菲（Melfi）率先開城迎接「解放軍」，給了諾曼人在義大利第一個真正立足的地方。一年之內，威廉的勢力就延伸到周邊地區，一連串生產大量穀類、橄欖、蔬菜水果繁榮的貿易與漁業城鎮都落入其手，這地區就是為人所知（古今皆然）的「富饒的阿普里亞」。被激怒的當地拜占庭總督憤而發起戰事，兩軍在坎尼（Cannae）的古戰場遺址上一決生死。

對於很迷信的兩軍而言，這是個不祥之地。一千兩百年以前，迦太基統帥漢尼拔（Hannibal）曾在此殲滅了羅馬執政官的整支軍隊，是羅馬史上最無顏面的一場敗仗。這場仗把羅馬公民嚇壞了，結果再度迷信於用活人獻祭，這是史書記載最後一次用活人獻祭。他們在古羅馬廣場上活埋了兩個人，並把一位嬰孩扔進亞得里亞海中。不過另一頭的諾曼人也曾在此經歷過一場災難，才二十年前，一支拜占庭軍隊曾在此大敗一支由諾曼人和倫巴底人組成的軍隊，由於大敗得如此徹底，以致只有十名諾曼騎士得以倖存。

要是威廉對這個宿命性的地點有所疑慮的話，起碼他並沒有表現出來，反而處處顯現出充滿自信的樣子。主因是雖然他的軍隊正以寡敵眾，但起碼他們不用再跟可怕的馬尼亞斯交手，這位大將已被朝廷裡的政敵算計，因此顏面全失地被召回國內。

馬尼亞斯的麻煩始於一位有錢又有人脈的安納托利亞人鄰居，此君名為羅曼努斯・史凱勒魯斯（Romanus Sclerus），指責馬尼亞斯侵占自己的土地。馬尼亞斯向來連沒事時都很難控制住自己的脾氣，於是想當然耳像個野蠻人似地痛毆這名貴族一頓。史凱勒魯斯身體康復後矢言要報仇，於是就趁將軍不在家期間，洗劫他家，放火燒了他的田地，最後還為了羞辱將軍而勾引了他的妻子。隔年，史凱勒魯斯把時間都花在破壞馬尼亞斯在朝廷裡的名聲，成功說服皇帝召他回國。

馬尼亞斯走了，拜占庭人就派不出勝任的將軍來抵抗諾曼人，精於掌握時機的威廉知道此時他只要挑起戰爭就行了。當拜占庭派了一名使者來到他的軍營時，威廉給他下了個馬威。當這位可憐的使者正準備開始演說時，突然有名諾曼騎士悄悄靠近，在馬額頭上打了一下，受驚嚇的馬兒立刻倒地，騎在上面的人因而摔下馬來。接下來一群士兵抓住了使節，另一群則抓住馬匹，把馬扔下懸崖。然後他們扶起嚇得呆若木雞的使者，給他另一匹坐騎，叫他別再白費唇舌。諾曼人說：「回去告訴你們的皇帝，諾曼人已經磨刀霍霍準備開戰了。」

儘管諾曼人只有三百名騎士以及兩倍數量的步兵，卻被視為相當具有威脅性，以致拜占庭非派出瓦蘭金衛隊精兵不可。但話雖如此，帝國大軍還是經不起諾曼人重騎兵的攻擊，而且大部分軍隊都在試圖過河逃生時淹死了。兩個月後，拜占庭人又試了一次，這回的軍團來自亞洲，還有大批重返西西里島的軍隊，但又是吃了敗仗。屢屢戰勝可恨的拜占庭人，為威廉帶來了很大的聲望，他時常藉散播自己的名聲，在拜占庭領土內發動一場場叛亂。

君士坦丁堡最後終於了解事態的嚴重性，於是趕快派一名有能力的人去扭轉形勢。那年春天馬尼亞斯重回義大利，去掃蕩他過往手下的傭兵。他以令人震驚的暴力手段來執行任務，擊潰一支諾曼軍隊，然後就忙著以野蠻的方式攻打所有曾經背叛過拜占庭的城鎮。異議分子被釘上十字架，婦女遭強姦，孩童則埋到只露出脖子以上部分，然後任他們自生自滅。這殘酷手段奏效了，當地人對諾曼人的支持化為泡影，諾曼人也陷入了險境。

但是拜占庭的軍力已不如以往，加上朝廷裡的勾心鬥角，自毀長城。馬尼亞斯的下場很恰如其分的豪氣，在過程中差點讓整個帝國陷入困境。他的宿敵史凱勒魯斯又安排另一次羞辱的召回，但這次做得太過分了。他經不起要親自享受讓仇家難堪的誘惑，結果自己跑到義大利去送皇帝的詔書。這下子史凱勒魯斯倒楣了，因為馬尼亞斯並未以良好的風度來接受這個消息，他命人抓住史凱勒魯斯，用馬糞塞滿他的耳鼻口，然後慢慢將他折磨至死。馬尼亞斯狠狠咒罵那位坐在君士坦丁堡皇位上的人之後，自行稱帝，然後率軍向首都挺進。帝國沒有一位能擋得住他的將軍，等他來到帖撒羅尼迦（Tessalonica）時，就只差沒戴上皇冠了。然而，命運之神在此時插手，他騎馬出戰忠心耿耿的帝國部隊時，冷不防被一支長矛射中而亡，他的軍隊自此瓦解，剩餘活口則倒騎騾子在君士坦丁堡的賽馬場內遊行示眾[3]，而帝國也因此免除更進一步的流血。

以軍事手段來恢復義大利的情勢已不再可行，君士坦丁堡就改用屢試不爽的賄賂手段來削弱這場叛亂，於是許以倫巴底人首領們很慷慨的津貼，要他們換邊站。他們也都熱切地接受了，諾曼人又只好靠自己了。

嚴格來說，諾曼人仍然是在為倫巴底人爭取自由而戰，但卻不能再信任他們的盟友，所以就決定要選出自己的領袖。但問題是，諾曼人認為人人皆是平等，很難接受一位較高一級的當權者。他們也的確體認到作戰時需要有個統一的指揮，但促使他們來到義大利找出路的獨立性和企圖心，卻正是讓他們難以管理的原因。威廉是此次造反的軍隊英雄，而且也恰如其分被授予了「阿普里亞伯爵」的頭銜，但這絕對只是一廂情願的想法，因為諾曼人實際上只控制了阿普里亞一小部分而已。而且威廉對同袍騎士們沒有多少管理的實權，威廉率先號召諾曼人團結以對付共同的敵人，但除此之外也就別無其他。

然而，光是這一點就足夠讓威廉在這個地區成為一個有權勢的人物。他娶了薩雷諾大公的姪女，因此得以打入倫巴底人的貴族圈，並接受大公成為他的封建領主。大公則把阿普里亞投資在他身上做為回報，將該地區分割給十二位最有權勢的諾曼人。他們最早征服的梅爾菲，則由十二位諾曼人共管，以示平等。

威廉從一位沒有土地的窮騎士之子來到今天的地位，可說走過了漫漫長路。在他鬆散的領導下，諾曼人從單純受雇於拜占庭與倫巴底人的傭兵轉型成為擁有土地的領主。為表改變命運，他擺明了打算要把老雇主拜占庭趕出義大利。一〇四五年，他入

3 作者注：賽馬場是這座帝都的主要體育場，最初是為戰車比賽而設計的，但後來幾乎所有重大的公共慶典都在這裡舉行。打敗的敵軍、造反不成的叛亂分子或被推翻的皇帝等，經常在處刑之前先送到這裡以羞辱方式遊行示眾。譯者注：騎驢示眾是古時一種懲罰，有的更被罰倒騎，手抓驢尾。此處則為騎騾子，應該是更進一步的懲罰。

侵卡拉布利亞（Calabria），卻在義大利南部港市塔蘭托（Taranto）附近遭受嚴重挫敗，這是他戎馬生涯的最後一場作戰。第二年他正準備好另一次出征時，卻染上熱病去世。

他這一死，使得義大利南部的諾曼人不知何去何從。儘管他們眼前顯然是有很大的機運，但也是遭受危險反擊的開始。倫巴底人、拜占庭人，甚至連教宗在內，到了此時都頗憂慮諾曼人勢力的擴張，而且受到現況改變的威脅。就連阿普里亞的本地人民本來很歡迎諾曼人，視他們為解放者，這時也把他們當成了壓迫者。如今只需有星星之火就可燎起這不斷高漲的反諾曼人風暴。

這些當過傭兵的諾曼人似乎忘了危險，只顧著個人的得失而不團結，忙著從他們的征服中搾取一滴一毫的利益。他們需要一位夠強勢的領導者，能管得住他們，並把諾曼人的精力導往有成果的方向。但他們卻不知道，這位領袖其實在威廉死後幾個月就已經來到了義大利。

第九章　詭詐的人

威廉去世後，他弟弟德羅戈（Drogo）被選為阿普里亞伯爵，接替他的位置，另一個弟弟亨弗瑞則得到威廉之前的地產。留在諾曼地老家的另外七個兒子則滿懷興味地觀望著這些發展，這些都是坦克雷德第二次婚姻所生的孩子。一〇四七年，七個兒子中的老大羅貝爾決定去義大利加入他同父異母的哥哥們。

到了義大利之後，羅貝爾面對的是冷淡的接待，德羅戈並不喜歡他父親的第二個妻子，所以也討厭她生的孩子，他打發羅貝爾帶著一小群人，到位於義大利半島腳跟處的卡拉布利亞前線堡壘磨練，此處深入拜占庭帝國境內。城堡俯瞰著一處海岸平原，平原上有古城錫巴里[1]景色如畫的廢墟，但羅貝爾若指望有什麼奢華享受的話，他很快就會幻想破滅。這座小堡壘瘧疾橫行又潮濕陰暗，可憐兮兮地位於義大利人煙特別稀少的地區。卡拉布利亞比阿普里亞窮得多，有一片森林濃密的多山內陸，適於農耕的土地很少。沿海地帶因為很多世紀以來的瘧疾肆虐以及撒拉森人的襲擊，荒蕪已久，而且由於當地人口多傾向希臘化，因此他們對拜占庭人更忠心，不太會把諾曼人當成解放者來歡迎。

為了求生存，羅貝爾被迫要靠狩獵或耕種生活，他以狡猾兼殘酷的手法做到了這一點。有個他最喜歡的策略是放火燒農作物，然後再收取滅火費，這條計策並未改善他和當地人之間的關係。沒多久，他就被冠以「吉斯卡爾」（Guiscard），即「詭詐的人」綽號，在其他的諾曼人之間也有了「得要提防的人」的名聲。但他也很精，明白要做一個好領袖，應該要讓敵人怕他，盟友愛戴他才行。為達此目的，他和手下同甘共苦，跟他們圍著同一堆營火吃飯，睡在同樣硬的地板上，且非常慷慨大方。財富對他來說一直是手段而已，幾乎從來都不是目的。當一位客座諾曼主教提到他正在老家籌建一座主教座堂時，羅貝爾雖然手頭也很緊，卻把所有值錢財物都讓他運載回去。公關上取得的成就彌補起財務上的損失還綽綽有餘。這位主教回到諾曼地之後，把遠在卡拉布利亞那位富有、慷慨大方的騎士故事也帶了回去，而長期一直缺人的羅貝爾從此招募到的新人則多到不可勝數。

然而，在他還未有機會擴張勢力之前，他卻被捲入一場更大的衝突。話說當初諾曼人剛來到義大利時，曾被渴望逃離帝國稅吏之手的倫巴底人視為解放者，但隨著時間流逝，他們卻發現貪婪的諾曼人遠比拜占庭人要惡劣得多，任何倫巴底人的獨立跡象都會遭到殘酷鎮壓，而且分毫金錢不放過地壓榨他們的省分。當拜占庭間諜進入阿普里亞尋求方法破壞諾曼人的安定統治，以便抵銷諾曼人對卡拉布利亞的威脅時，拜占庭人發現他們在此很受到歡迎。一〇五一年，一樁龐大的陰謀因此醞釀而成，拜占庭人企圖暗殺在義大利的每個諾曼大人物。德羅戈在進入他的私人禮拜堂時被砍倒，到了天黑時，整個阿普里亞都已陷入了暴動中。

倖存的諾曼人還是沒完全搞懂民意為何反過來針對他們，結果倒是以蹂躪所有涉及者的土地做為回應，以為他們憑著展現力量就可以恢復原狀。但此舉卻成了導致全

---

1 作者注：錫巴里（Sybaris）以其享樂主義聞名。現代 Sybaris 一詞意味自我放縱或過度奢華，就是源自此城名。

盤失敗的導火線，引起義大利最有權勢人物教宗利奧九世的反彈。

位於羅馬的教廷多年來已聽了太多可悲的故事，關於義大利南部主要路線上的強姦、謀殺、搶劫等等，大家都請求教宗協助去對付這些逍遙自在、無法無天，只聽命於刀劍的諾曼傭兵土匪。通常像這類憂心事交給世俗政權處理會比較好，但利奧卻特別適合發號施令。在教宗們追名逐利的時代，他就以聖潔而著稱，本身具有個人魅力和名望能團結四分五裂的義大利。打仗流血和戰死都嚇不倒他，他還在當主教的時候，就已經在一場突擊義大利北部的戰役中率領過神聖羅馬帝國皇帝康拉德二世（Conrad II）的野戰部隊，所以認為教宗這個新職位沒什麼理由能禁止他再次出征。

這位教宗有過跟諾曼人打交道的經驗；他們如芒刺在背太靠近教宗國了[2]，又因買賣聖職而聲名狼藉（這是利奧竭力要撲滅的行徑）。而且因為諾曼人實在太讓人生氣了，於是利奧拒絕批准征服者威廉的婚事，就是為了教訓他們要聽話點。[3]要是不想想辦法阻止這些無法無天、管控不了的諾曼人，他們會開始染指梵諦岡的土地。要是教宗想不出辦法來讓他們就範，他的聲望就會因此跟著受損，到時教宗就真的要面對被包圍在諾曼人人海中的危險了。

他的第一個想法是以威勢懾服諾曼人，他曾前往義大利南部召來歐特維爾家族的德羅戈。教宗穿上全套大禮服，冷靜命令要他管好手下，德羅戈似乎也學乖了，但幾個月後他卻遭暗殺身亡，於是義大利南部又陷入混亂局面。

對教宗利奧來說，此時正是出擊的大好時機，諾曼人群龍無首，士氣大挫，四面楚歌，義大利南部從阿布魯佐（Abruzzo）到卡拉布利亞，幾乎每位非諾曼人領主都起身對抗諾曼人。但是他得打鐵趁熱採取行動，於是就寫信給拜占庭皇帝君士坦丁九世（Constantine IX）提出聯盟，然後又前往日耳曼去跟他的表親、神聖羅馬帝國皇帝亨利三世討論此事。取得帝國支持反諾曼的聯盟之後，他盡快組了一支義大利軍隊，朝著阿普里亞挺進，聲稱他要終結掉「諾曼人的威脅」。

消息傳來有一支入侵軍隊正在路上，而且是由教宗親自領軍，終於喚醒了諾曼人的危機意識，於是拚命呼籲每個身強力壯的男子挺身而出，羅貝爾就趕忙從卡拉布利亞趕了回來。在這種情況下，每個人都願意放下過去的歧見，團結起來的諾曼人推選出耿直、勇敢的亨弗瑞為領袖，他是歐特維爾家族現存兄弟中排行最大的。他的第一

2 作者注：羅馬周圍土地以及拉文納都在教宗直轄之下。可參見本書「教宗國」。

3 作者注：可參見本書第五章。

個行動是派人傳訊給利奧，要求談條件，但利奧根本沒心情聽這些，他已經讓敵人待在他預期的地方，而且沒打算要讓他們逃掉。

亨弗瑞和羅貝爾匆匆開了個會商討決定要怎麼做。他們寡不敵眾，而且教宗親征這個事實讓他們很洩氣，但儘管情況很糟，可是再拖下去只會讓事態繼續惡化。一支拜占庭軍隊正朝海岸而來，要是讓當地人和利奧會師的話，敵方的優勢會變得更大。軍糧出現嚴重短缺；當地百姓搶先收割未成熟的農作物，造成諾曼人根本沒有糧食可吃。他們現在若不主動出擊的話，就面臨餓死的威脅。

迫於現實無奈之下，諾曼人在福爾托雷河（Fortore）附近的小鎮奇維塔特停了下來，派使者去面見教宗。然而，這只不過是個詭計，就在談判進行時，他們突然殺了進來，讓利奧的倫巴底盟友們措手不及，驚慌奔逃，很快就被大批軍隊追上。只有教宗的日耳曼部隊堅守陣地抵抗諾曼人的進攻，但此時已經寡不敵眾幾近全滅，獨留一人。教宗身穿秀異的飄逸白袍，在附近山頂上看著全軍覆沒，愈發感到驚恐。等到他的軍隊已經明顯潰敗時，他騎著馬來到附近一座城鎮，焦急地要求庇護。然而鎮民很清楚剛才發生了什麼事，不打算得罪那些勝利者，一等到有位諾曼士兵騎馬來到城門時，就很不客氣地把利奧扔了出來。

教宗倒是很有風度地面對他的敗仗，傲然走出去跟敵人見面，那些作壁上觀的人可能還會納悶到底誰贏得剛才這場交戰？諾曼人在教宗面前俯伏，請求寬恕，並矢言他們是信仰堅定的基督徒，有些則跪著去親吻他的戒指，還有一些人為他牽了一匹馬來，並拿來了些點心。等教宗吃完東西，他們就很恭敬地和他保持一段距離，護送他到貝內文托鎮（Benevento），將他安頓在最好的宅邸裡。諾曼人沒有分毫失禮之處，但不是禮數周到就能掩蓋利奧此時是個俘虜的事實，這消息很快就傳遍了歐洲：教宗成了諾曼人的階下囚。

這場勝利比他們所知道的還更徹底，教宗受辱，垂頭喪氣，但就算他想捲土重來，也會發現已經不可能了。這場戰役過後才幾個月，羅馬教會和君士坦丁堡就產生了嚴重的分裂，基督教世界的東西兩邊不再有望合作，龐大的反諾曼聯盟帶來的威脅也因此消失了。

如今唯一威脅到諾曼人地位的，反倒是兄弟鬩牆，而且日益嚴重。亨弗瑞比羅德戈要好一些，比較能容忍羅貝爾這個弟弟，但他也日漸失去耐心。羅貝爾在阿普里亞很自得其樂，不打算盡快回到窮鄉僻壤的卡拉布利亞去。這件事在哥哥亨弗瑞宴客的場合上鬧開來，他指責羅貝爾藉故拖著不走，怒上心頭的羅貝爾憤而拔劍相向，所幸被朋友們拉住。羅貝爾懷著滿腹怨恨和羞辱回到卡拉布利亞，並開始下工夫擴大自己的影響力。

令羅貝爾高興的是，他發現他不在的時候，局勢大為改善。拜占庭在義大利的勢力正在崩潰中，君士坦丁堡縮減經費加上慌亂猶豫的統治者，造成大部分當地百姓感到被遺棄，留下的駐軍士氣低落，很容易被說服投降。於是一個個城鎮接連臣服於羅貝爾，那些抗拒者要不就被武力制伏，要不就敗在他那馳名的詭計中。在奧特朗托（Otranto），他憑著三寸之舌讓對手開城，到了秋天，他已經拿下卡拉布利亞其中一個農業生產富饒的地區。每次的成功都讓他的名氣更大，而名氣又招來更多新人加入，衍生獲得更多堡壘和更多場勝利。到了一〇五七年，就連亨弗瑞也不得不認可羅貝爾的能力。

歐特維爾家族這位長兄後來因為瘧疾和長期勞累，時日已剩無多，他曉得諾曼人迫切需要有位新典型的領袖，諾曼人倔強的獨立性使得他們取得的征服很不穩定，他們的嚴峻治理手段也助長了治下大部分百姓的仇視諾曼人心理。如今諾曼人不僅僅要當個優秀的軍人，急躁易怒的諾曼人如果想取得比小領主更有前景的地位，那領導手法就必須具有外交手段、政治手腕和遠見才行。亨弗瑞決心要把他的子民交託給某位視野卓越的人手中，而值得考慮的人選就只有一位。他放下自己的面子，召來羅貝爾，兩人當眾公開言和。

然而，並非人人都對該人選感到高興，因此羅貝爾得花幾個月時間去擺平那些質疑他獲選的各方諾曼小領主們。為了保險起見，他甚至迫使忠心於他的貴族再度宣誓效忠於他，然後才重返義大利半島的腳趾處去完成征服卡拉布利亞之舉。他最小的弟弟羅傑這時加入了他。羅傑還不滿二十五歲，有著歐特維爾家族同樣的寬廣肩膀與魁梧體格，但個性卻比羅貝爾隨和許多。羅貝爾工於心計，羅傑則喜歡宴飲交際，但在這面具之下其實是鋼鐵意志般的決心。

起初他們倆搭檔得很好。他們拿瑞吉歐（Reggio）來牛刀小試，此地扼守義大利半島和西西里島之間的海峽，把這場仗交托在羅傑手裡，羅貝爾感到相當放心，於是他就北返去敉平另一場叛亂。然而，由於兩人性格太相像了，反而很難長久搭檔。或許是從弟弟身上看到了家族特有野心勃勃的性格，因此羅貝爾拒絕授予土地或給予弟弟獨立的收入來源。羅傑急著積累財富以便結婚成家，等到羅貝爾發餉給他的軍隊的速度開始慢下來時，羅傑的挫折感就化成了憤怒。當羅傑開始抱怨時，羅貝爾駁回了他的擔憂，還建議弟弟說，吃得苦中苦，方為人上人，就像羅貝爾早期吃過苦一樣。

這樣的回應只有讓事情惡化，過沒多久，怨恨就升級成為一場全面戰爭。羅傑到他哥哥卡拉布利亞的地頭上到處撒野，放火燒農作物，掠奪農村，綁架商人勒贖。兩人各不相讓，羅貝爾以牙還牙，造成的破壞引起饑荒，造成大批百姓造反，造反規模之大，讓諾曼人完全措手不及，而且很快就有蔓延到阿普里亞的危險。兄弟倆警覺到事態嚴重，趕快安排了休戰補救，同意將來平分所有征服所得。

對羅貝爾來說，恢復和平來得正是時候，因為他正好接待教宗派來的大使，召他到梅爾菲單獨跟教宗開會。當他問教宗有何貴幹時，答案必然令他難以置信。距離上一位教宗率軍親征諾曼人之後還不滿五年，如今教宗的繼任者竟然要求跟他結盟。

梵諦岡政策之所以一百八十度轉變的原因，是因為尼古拉二世（Nicholas II）當選了教宗，他是位改革派教士，想要結束教會買賣聖職的行為，並讓教宗國擺脫外力的控制。神聖羅馬帝國皇帝傳統上一直是教宗的保護者，但實際上通常意味著教宗是神聖羅馬帝國的傀儡。教宗唯一掙脫的方法就是找個足以制衡皇帝的勢力聯手，而離得最近又派得上用場的就是諾曼人了。

尼古拉二世在梅爾菲安排一場宗教會議，在那裡正式和諾曼人結盟。羅貝爾承諾效忠並為教宗抵禦皇帝，教宗則回報以確認他已到手土地的擁有權，並賜給他一個意義深長的頭銜「阿普里亞暨卡拉布利亞以及尚待征服的西西里公爵」。儘管事實上羅貝爾還沒真正掌控整個卡拉布利亞，甚至根本沒有占領西西里島任何一塊領地，但羅貝爾卻一點也不在乎，只要是他能征服的，且教宗已經給了他合法權利，他並不打算浪費這個良機。

接下來的一年他都花在將拜占庭人趕出義大利，結果這個帝國在義大利的土地縮減到只剩下半島腳跟處的一座城市巴里（Bari），在那他們仍死守著祖先的家園頑強抵抗，羅貝爾也樂得暫時任由他們，因為他心目中已有個更誘人的目標：富饒的西西里島，他大可讓義大利其他地區晚些落入手中。我們可以猜想當羅貝爾隔著海峽眺望離海岸不遠處的西西里島時，必然有很振奮的感覺，法國一位小領主的兒子竟然出人頭地，跟當代諾曼地公爵威廉取得同樣程度的地位。如今兩個諾曼人的公國分據歐洲的南北兩端，兩者都在計劃入侵海島王國。西西里征服時機已成熟，對羅貝爾散發出難以抗拒的誘惑。自從他的大哥鐵臂威廉離去之後，這座島就被島上交戰的阿拉伯人和柏柏人瓜分，局面也變得更混亂。但有利的是，其中一位柏柏人埃米爾還邀請羅貝爾，請他協助抵禦對手。這兩兄弟於一〇六〇年渡海前往西西里島，馬上就攻下了墨西拿，然後挺進內陸。到了年底時，兄弟倆已經控制西西里島東岸大部分地區，朝著巴勒摩進軍。

然而，攻勢在第二年卻突然停止了。圍攻堡壘很花時間，而羅貝爾急著要讓穆斯林捲入這場戰爭。長期作戰的壓力也開始顯現，兩兄弟因為分贓不勻而爭吵。對於誰來主管，雙方都不同意，於是就決定採用很棘手的共管制度。這對羅貝爾來說，更是個糟糕的主意，因為他沒耐性鞏固團結，而且很容易感到厭煩。他的注意力在任何情況下是得要放在義大利半島；長期不在家等於是請人來造反，而他手下那些不安分的小領主們幾乎不需鼓動就會這麼做。接下來十年裡，他只偶爾在西西里島露臉，把征服西西里這件事大部分都交給了能幹的羅傑。

與此同時，羅貝爾繼續對義大利南部的城市巴里施壓，到了一〇七一年春天，該城終於陷落，消滅了羅馬帝國在義大利最後的殘餘。[4]羅貝爾凱旋入城，身穿希臘式服裝，親信圍繞，他已成了義大利南部唯一的主宰，而且終於讓他的公國願望成真。換成別人，這樣也許就夠了，他老家的敵人已被震懾而相安無事，教宗也從敵手變成了盟友，整個義大利南部再也沒有人能挑戰他的權威。但羅貝爾已經在夢想著更上層樓的偉業。巴里城的華麗勾起了他的想像，他曾在西西里島很多府邸和教堂，以及擄獲的帝國輜重的奢華品中見過這般華麗，這位原本沒有土地可繼承但卻出人頭地成了公爵的騎士，將他的目光若有所思地轉向了東方。在那裡，最大的獎賞，金碧輝煌的拜占庭帝國正等著他。

4 作者注：儘管五世紀期間西半部羅馬帝國已瓦解，但是東半部帝國（更常稱為拜占庭）卻在六世紀期間又重新征服了義大利。羅貝爾征服巴里結束了羅馬皇帝持續統治義大利近千年的局面。

第十章 帝冠

到了六十五歲時（以中世紀標準而言，算年紀很大的了），羅貝爾也該休息了。大部分到他這年紀的人，都已經安定下來享受自己的勞動成果，而羅貝爾的成果更是多得很。阿普里亞的鄉間一直都可為他提供狩獵樂趣，要不也有為數眾多的其中一座府邸供他休閒散心。但羅貝爾卻一點沒有退休的打算，他太容易感到無聊了；他始終都喜愛作戰勝於治國，何況他已經著迷於拜占庭帝國。

與拜占庭的二十年交戰已經留下了印記，他開始仿製拜占庭帝璽變成自己的印璽，還逐漸在他發布的公共法令上採用拜占庭「最高元首」（dux imperator）頭銜，這是虛榮心和精明的兼具，因為他大部分臣民已完全希臘化，因此冒充拜占庭的繼任者多少為他的統治添加了一點正當性。萬一有人沒留意到這一點，他還有一襲仿製的帝袍，一有機會就穿上身招搖。

所有這些張揚的做法引起了君士坦丁堡的關注，但由於拜占庭正處在土耳其人的慘烈攻擊之下，因此想要盡快跟諾曼人談和。皇帝米海爾七世（Michael VII）有個年輕的兒子叫君士坦丁，而羅貝爾則有個年輕的女兒叫海倫娜（Helena）；於是雙方就安排了一門婚事，這位諾曼公爵也被許以一個響亮的新頭銜，現在可以自稱為「最高貴的人」（nobelissimus），地位僅次於凱撒，可以穿著紫衣，而且將來哪天他的後代坐上皇座也成了他合理的期望。妙齡的海倫娜被送往君士坦丁堡，羅貝爾則安坐下來恭喜自己完成一樁很不錯的外交工作。

可惜對他來說，君士坦丁堡的情況變化太快，海倫娜才剛到不久，米海爾七世就被一位老將軍尼基弗魯斯三世（Nicephorus III）推翻了，這位諾曼公主被送進一所女修道院，而她的未婚夫君士坦丁則遭流放。所有這些消息都讓羅貝爾大失所望，但也只不過失望了一陣子而已。拜占庭人因為對抗土耳其人消耗太過，已經疲弱不振，此時進攻幾乎可確保會取得很大的成果。同時，海倫娜也是現成的棋子，可以用來挑釁，發動戰爭。

第一步就是向拜占庭朝廷發出最後通牒，而這通牒則必然會遭到拒絕。羅貝爾就扮演起為女兒叫屈的父親，要求馬上恢復他女兒的恩寵，與君士坦丁完婚，並加冕成為皇后。但這對尼基弗魯斯來說，無異是政治上的自殺，他當然不可能讓自己所推翻掉的人的兒子，開始享起榮華富貴，所以就很明智地拒絕了。羅貝爾馬上宣戰，並開始編組一支入侵大軍。為了加強成果，他還找來一名雲遊僧，聲稱此人是廢帝米海爾（不知怎麼從囚禁中脫逃出來，且正好趕上為這場入侵祈福）。但這個詭計騙不了任何人，因為這名僧侶並非好演員，但羅貝爾一點也不在乎，他已經如願開戰，現在要去爭取他有權取得的皇位。

羅貝爾花了將近一年時間才組成一支軍隊，但這番努力卻取得了輝煌成就。中世紀的西方軍隊不是特別多樣化，但羅貝爾卻在義大利南方募兵，來自西西里島的穆斯林跟來自阿普里亞和卡拉布利亞的倫巴底人、希臘人混編在一起，其餘則是來自法國和諾曼地的冒險家。義大利沿海所有城市都被徵召建造船隻，這些城市應付不來需求時，其餘船隻就從多森林的克羅埃西亞（Croatia）海岸去購買。到了一〇八一年，總共有一百五十艘船等著運送兩萬名士兵、馬匹和工程器械橫渡愛琴海，萬事俱備，只欠六十五歲的羅貝爾一聲令下。然而，他還沒來得及下令，君士坦丁堡的情勢又有變化，尼基弗魯斯三世被一位青年才俊將軍阿歷克塞・科穆寧（Alexius Comnenus）推翻了，他派人送信說他準備認可羅貝爾的要求，灰頭土臉的君士坦丁將會復位成為共治皇帝，海倫娜也得以從女修道院中解救出來，這對曾遭貶謫的男女將會成婚。

羅貝爾的脾氣本來就很難捉摸，在這場合他的怒火更是猛烈。帶消息來的信差本以為這消息會很高興地被接納的，但結果卻演變成他唯恐有性命之憂，而不得不從所住的房間溜走。這位諾曼公爵有整整兩天時間都情緒惡劣、悶悶不樂待在他的帳篷裡，拒見任何訪客。阿歷克塞這招釜底抽薪讓他沒了攻打藉口，但如今萬事俱備也無法臨時踩煞車。於是羅貝爾派長子博希蒙德（Bohemond）帶領前鋒先行建立一座橋頭堡，一個月後羅貝爾率領主力軍隨後前往。

到了六月，諾曼人已來到都拉斯[1]，這是拜占庭帝國第二大城市，盤踞在通往君士坦丁堡的古羅馬大道路頭。此城防守備完整，看來固若金湯，位在一座高聳的半島之上，朝向內陸的一面有沼澤做為保護。羅貝爾試著憑三寸不爛之舌使之就範，也差點就成功了，但守衛此城的人自信能守得下去，而且皇帝不會丟下他們自生自滅。幾天之後，他們就得到很戲劇化的皇帝關注，原來在阿歷克塞的收買下，威尼斯艦隊毫無預警地突然出現，開始攻擊起諾曼人的船隻。威尼斯人利用漏斗口狀的潛水管子將希臘火[2]噴到諾曼人船隻的底部，在水面下燒毀船隻。

羅貝爾此時陷入了艱難處境。沒有了海軍支持，想要有效封鎖此城無異緣木求魚，想席捲此城看來也不太有希望。更糟糕的是，冬天就快到了，常見的問題如棲身之所、燃料，以及在敵國境內維護補給路線等等都會出現。而士氣大跌，痢疾爆發席捲了全軍，更進一步讓眾人士氣受挫。士兵公然談起撤軍，但羅貝爾可不是個會打退堂鼓的男人，於是他破釜沉舟，防止逃兵。對於一般騎士而言，這必然像是陷入了噩夢之中。都拉斯的守城者察覺到這種情緒，就開始散播起新的不詳之訊來，他們說，阿歷克塞皇帝正在前來途中，一馬當先率領著救援大軍。

阿歷克塞一世是個令人生畏的對手，聲稱是古羅馬名門家族之後，他很罕見地兼具軍事和政治才幹，到了四十歲的年紀時，從來沒有打輸過一場仗，是帝國最廣受好評的將領。拜占庭迫切需要像這樣的人。掠奪成性的土耳其人正在蹂躪並侵犯帝國東

1 作者注：都拉斯（Durrës）位於今天的阿爾巴尼亞海岸。

2 作者注：希臘火，一種以油為主的易燃物質，即使沉入水中也會燃燒，被視為國家機密。它會在威尼斯軍艦上出現，可見拜占庭人視諾曼人的威脅有多嚴重。

部國界，斯拉夫人和保加利亞人則從西邊侵入，而君士坦丁堡無能的領導只加速了帝國的瓦解。經過十年，籲求一位能夠阻止流血的領袖的呼聲愈來愈大，於是阿歷克塞順從民意，輕易就將霸著皇宮的那個老傢伙趕走。

儘管新皇帝的軍事紀錄毫無瑕疵，然而，諾曼人的入侵代表了一個嚴重的問題。折磨帝國的動亂已經使得軍隊簡化成漫無組織的一團糟，得要從頭建立起秩序才行。雖然拜占庭還有高效的核心部隊，馳名的拜占庭瓦蘭金衛隊，但其餘則是欠缺紀律的民兵、傭兵以及私人保鑣的混合，不是很令人鼓舞的軍力，但眼前還勉強可用。帝國正遭到攻擊，沒有時間訓練或演習。

阿歷克塞和羅貝爾雙方都有避免打仗的理由。雖然諾曼部隊因為疾病而虛弱下來，但仍可怕地強大，所以皇帝會歡喜即將來臨的冬天會讓削弱他們一點。皇帝也懷疑手下傭兵的忠誠度，有很好的理由疑心他們一有風吹草動就會棄甲而逃。另一方面，羅貝爾如今夾在帝國軍隊和固若金湯的城市之間，也很不想發動一場戰事。他的正常做法會是撤退並另覓更合適的攻擊地點，但由於他匆忙地決定鑿沉戰船，因此就不再有另一選項。

真正最想開戰的反而是拜占庭瓦蘭金衛隊成員。十五年前，征服者威廉闖入英格蘭，殺掉合法的國王，並用愈來愈殘酷的手段統治盎格魯—撒克遜人，許多實在無法在諾曼人鐵蹄下生活的人，最後就前往君士坦丁堡入伍參加衛隊。如今他們終於得以面對這些可恨的諾曼人，諾曼人曾經摧毀了盎格魯—撒克遜人的家園，殺害他們的家人，掠走他們的財物，如今終於得以報黑斯廷斯戰役之仇了。

羅貝爾親自率軍第一次進攻拜占庭陣線的中心，諾曼人從來沒遇到過經得起騎兵衝鋒的敵軍，但在瓦蘭金衛隊做後盾之下，反而是諾曼人的陣線被打破了。反覆衝刺不再有效，瓦蘭金衛隊精兵慢慢挺進，揮舞著邪惡的雙頭斧殺進諾曼人陣線裡。可惜對於阿歷克塞來說，其餘的拜占庭部隊卻未能跟隨瓦蘭金衛隊的衝鋒，而他的土耳其後備部隊卻偏偏選在此時臨陣脫逃。寡不敵眾的瓦蘭金衛隊深陷敵軍陣線中，四面楚歌，少數幾個設法逃脫的則跑進附近供奉大天使米迦勒的禮拜堂中，但也庇護不了他們躲過諾曼人的怒火，教堂以及裡面的一切全都燒得夷為平地。

這場敗仗似乎耗盡了拜占庭剩餘的元氣，都拉斯象徵性的又抵抗了一星期之後就投降了，希臘北部其餘地區也隨之降伏。等到羅貝爾抵達馬其頓時，卡斯托里亞鎮（Kastoria）根本不戰而降，儘管此鎮還有三百名瓦蘭金衛隊防守。要是連帝國的菁英部隊都不忠誠，那麼君士坦丁堡就已如羅貝爾的囊中之物了，羅貝爾誇口說他會在拜占庭首都度過聖誕。然而，他總算棋逢對手了，阿歷克塞無法以劍阻擋諾曼人，但他還有筆，武力做不到的，外交會做得成。

義大利南部猶如等待爆炸的火藥庫，到處都是厭恨諾曼人桎梏的小領主和貴族，他們也受不了奴顏婢膝的狀態，他們只因恐懼才受箝制，但每個人都不願意邁出反叛諾曼人的第一步。阿歷克塞只要提供某個動機給他們就行了。於是拜占庭間諜帶著一袋袋黃金到義大利去散播耳語，說現在正是出手良機。幾乎一夜之間，義大利半島爆發了公然叛變。羅貝爾留在義大利的代表緊急萬分去函給他的主子，說要是他再不趕快回來，就會無家可歸了。

羅貝爾盡可能拖延時間，但若讓叛亂惡化得愈久，就愈難鎮壓。可是眼見拜占庭唾手可得而要是他不在這麼陣的話，入侵就一定會後繼無力，得手的寶貴土地就會失去，滑頭的阿歷克塞則會有時間收復失地。最後，到了一〇八二年的年初，消息傳來，迫使他只好行動。神聖羅馬帝國皇帝亨利四世（Henry IV）正率軍朝羅馬挺進，驚慌失措的教宗命諾曼人立即前來保護。羅貝爾當眾發誓說他回來之前，絕不刮鬍子、不洗澡，然後就把軍隊交給了兒子博希蒙德去管理，自己則返回義大利。

相較於這位粗暴的諾曼公爵，教宗格列哥里七世可說是個奇怪的盟友，理想主義、很有原則、死板，讓人意想不到他竟然會站在道德上有矛盾的羅貝爾這邊。然而，情勢所需卻驅使他們同舟共濟。格列哥里曾捲入一場大爭議，造成基督教王國陷入了動盪不安。話說他力圖擺脫世俗的控制，因此跟神聖羅馬帝國皇帝亨利四世起了衝突。起初的勝利屬於教宗，亨利被逐出教會，曾經為此被迫在仲冬裡赤足走到義大利北部卡諾薩（Canossa）偏遠的城堡，哀求格列哥里解除這項懲罰。但這只不過是開幕而已，等到勢力夠強大了，這位皇帝就威脅要率軍前來羅馬，要是格列哥里不收回破門律，他就另行任命一位新教宗。格列哥里需要一位捍衛者，眼前義大利就只有一個人物有此能力。於是他只好低頭，提供合法性以及教宗國的支持給羅貝爾，以交換保護。直到羅貝爾出發入侵拜占庭之前，這個約定一直運作得挺好的。一封來自阿歷克塞的信，加上幾袋黃金，送到了皇帝亨利四世手上，慫恿他南下攻取毫無防備的義大利。當然，這位皇帝當然不假思索地答應了。

亨利的軍隊路上沒遇到什麼問題，勢如破竹地進攻羅馬，格列哥里則逃往哈德良（Hadrian）陵寢[3]避難，僅能設法勉強挺住，他的支持者仍控制了台伯河左岸地區。

3 作者注：此處更普遍為人所知的名稱是「聖天使堡」，在五世紀期間曾經加強過防禦工事，用來做為教宗的主要堡壘。

疾病開始在神聖羅馬帝國軍中蔓延，於是亨利率領大部分軍隊撤退到一處較高的地面上安頓下來，準備圍城。

與此同時，羅貝爾則忙著在義大利南部敉平叛亂，無視於教宗日益恐慌的來函。到了一〇八四年的年底，他已經平定了最後的反抗，大可以去幫格列哥里的忙了，但他卻很遲疑。就如他曾憂懼過的，對拜占庭發動的攻勢也陷入了嚴重的麻煩，要是他不馬上回去，就真的可能會全面崩盤。但另一方面，羅馬也同時需要他的關注，因為那裡有位很寶貴的盟友正在為保命而戰。羅貝爾這輩子絕無僅有的一次不知該如何是好。

然而，外力再度為他做了決定，這次是羅馬人自己，他們受夠了格列哥里，怪他的死板造成長期圍城和物資嚴重匱乏，因此城民打開城門邀亨利全權占領羅馬。這位皇帝凱旋入城，宣告廢黜格列哥里，並任命他自己的人選為教宗。羅貝爾這下子別無選擇，只有採取行動，要是格列哥里被廢黜的話，那麼歐特維爾家族的合法性也就會跟著毀滅。拜占庭的事只能先緩緩，於是他從轄地各處募軍組了一支龐大軍隊，朝羅馬挺進。

但亨利可沒傻到待在那等著羅貝爾前來，他很清楚他手下那疲弱的軍隊並非諾曼人的對手。羅貝爾出現的三天前，這位皇帝就勸羅馬人要盡力防守好自己，然後就溜走了。恐慌的城民緊鎖城門，但他們在劫難逃。羅馬城牆是八百年前在皇帝奧理略（Aurelius）統治時興建的，之後就沒有做過重大的補強。羅貝爾才發動第一次進攻幾分鐘，手下士兵就破城而入，散開隊形在全城內一路殺人擄掠。格列哥里以凱旋之姿被人從哈德良陵寢護送到拉特蘭宮（Lateran），再度坐上教宗的寶座。

然而這場勝利卻是得不償失，羅貝爾軍中的穆斯林和希臘人部隊將此城視為供他們掠奪的獎品，於是就瘋狂姦淫擄掠，四處殺人。經過三天這樣的對待之後，被嚇壞的城民再也受不了，於是走上街頭，對侵略者展開拚死的游擊戰。在這些混亂之中，秩序蕩然無存，諾曼人醒悟到他們已經失控，就開始放火，打算藉此驅散敵人，結果造成龐大的損害。沒有被燒毀的房舍就被掠奪一空，從拉特蘭宮到競技場，幾乎沒有一座建築還矗立著，不管是教堂、宮殿府邸、古代異教廟堂，無一倖免。

格列哥里復位了，可是如今卻成了眾所憎恨的對象，以致羅貝爾的軍隊撤退時，他也只好跟著走。他在薩雷諾找到了一個新家，在那裡設立了他流放生涯的教廷，並專注於從事改革教會。第二年他去世了，也理所當然埋葬在諾曼墳墓裡。格列哥里一輩子都在挑戰成規，但遺言卻很令人沉痛：「我曾愛公義而恨罪孽，所以我死於流亡。」

與此同時，羅貝爾終於得以專心於拜占庭了，他不在的時候，戰事進行得並不順利。他兒子博希蒙德是名高超的騎士也是個好將軍，但卻缺乏他父親的鼓動兵士的能力。儘管他連續三次摧毀拜占庭皇帝派來對付他的軍隊，但諾曼陣營裡的挫敗情緒仍愈來愈高漲。自從羅貝爾乘船離開義大利以來，已經過了將近四年，但是比起當年初抵，攻打君士坦丁堡一事卻沒多少進展。大多數諾曼士兵都筋疲力盡又想家，開始覺得這場戰爭似乎永無了結。博希蒙德設法讓他們多振作了幾個月，但是到了作戰季節尾聲時，他卻犯了輕敵的大忌。他在希臘北部渡過一條河時，阿歷克塞引他去攻擊一支誘敵部隊，帝國的主力軍則趁機洗劫諾曼人的輜重。博希蒙德徒勞無功一個下午之後，回到營地卻發現四年來的掠奪所得全都消失無蹤。這對疲憊的軍隊來說，成了壓垮他們的最後一根稻草。博希蒙德才一轉身，這些人就大批向阿歷克塞投降了。

這是個很嚴重的挫折，但羅貝爾要是沒有恆心毅力的話，他就不是羅貝爾了。雖然這時他已經七十歲了，可是絲毫沒有失去活力，馬上就又組了另一支軍隊。他在科孚島（Corfu）上過冬，但傷寒襲擊軍營，死了幾千人。等到疫情終於緩和下來時，他下令航往拜占庭的凱法利尼亞島（Cephalonia），踏出攻勢的第一步。然而，在渡海途中，羅貝爾自己也染上了傷寒，等到抵達時已經虛弱得幾乎站不住。他於一〇八五年七月十七日去世，一生從來沒有打輸過一場大仗。

羅貝爾的遺體被帶回義大利，可是來到奧特朗托外海時，遇到了一場風暴，遺體從船上被沖下海，嚴重損毀。水手設法尋回了遺體，決定摘除心臟及其他內臟，埋葬在一座小禮拜堂內。遺體其餘部分則經過防腐處理，然後完成這趟旅程，來到位於義大利維諾薩（Venosa）的歐特維爾家族陵寢，安葬於聖三一大修道院（Abbey of the Holy Trinity）一座華麗的陵墓內。

羅貝爾有著非凡的一生，其成就為他在最偉大的軍事冒險家行列中贏得了一席地位。他兼具遠見、政治手腕和強悍個性，他取得了一塊小領地，然後將之變成歐洲最強大的勢力之一。一路走來，他把拜占庭人趕出義大利，把穆斯林趕出西西里島，挽救了改革的教宗國，牽制了兩位皇帝。一位無名石匠在他墓碑上刻下的銘文說得最好：「詭詐者安眠於此，舉世之懼……。」

第十一章　博希蒙德一世

羅貝爾的去世留下讓人傷腦筋的問題：誰來繼承他的遺產？但這問題卻得不到解答。麻煩在於雖然他結過兩次婚，起碼也生了十個孩子，但最能幹的兒子卻是私生子。

這個孩子大約在一〇五八年出生，取了個「馬克」當教名。孩子出生前幾晚，羅貝爾曾接受過一場盛宴款待，在宴席上聽到關於「巨人博蒙達斯」（Buamundas Gigas）的傳奇故事。當他看到這個巨嬰出世時，就給他取了個小名叫「博希蒙德」，無意中創了一個中世紀最流行的名字。

關於博希蒙德早年情況我們所知無幾，不過他顯然上過學，因為他能讀、寫拉丁文，也對希臘文略知一二，可能還懂些阿拉伯文。當他還小的時候，或許是四歲時，羅貝爾為了政治理由遺棄了他母親。儘管博希蒙德此時既是私生子又沒有繼承權，由繼母撫養長大，卻也似乎沒有怎麼耿耿於懷，而且年紀一夠大了，就被授予羅貝爾軍中的一個重要職位。這也許是因為，不管現實政治上的暫時需要是什麼，他的父親是羅貝爾卻是毫無疑問的。博希蒙德看起來完全就是個歐特維爾家族的人，肩膀寬闊、胸膛厚實，有維京人祖先的金髮，高大異常，指揮自如，甚至連莽撞不安的性情也跟他父親一樣，誠如當代某人所形容的：「他總是在尋求不可能的事。」

一〇八一年當羅貝爾決定入侵拜占庭帝國時，博希蒙德有了冒險的機會。二十七歲的他銜命率領一支先鋒部隊襲略達爾馬提亞[1]鄉間，攻陷瓦洛納（Valona）港市做為橋頭堡，並圍攻科孚島。他遇到的唯一抵抗是在科孚島，那些抵抗者公然取笑他的兵力很少，但等到他們見著羅貝爾的主力艦隊出現在海平線上時，駐軍就驚恐逃散了。

然而從那之後，爭霸戰就揭幕了。據我們所知，羅貝爾的計畫是要讓博希蒙德坐上君士坦丁堡的帝位，並為自己在東方開拓出一個更大的帝國，但卻被拜占庭皇帝阿歷克塞以智取勝贏過了他。當皇帝的黃金收買之計迫使羅貝爾返回義大利時，博希蒙德就奉命鞏固希臘和馬其頓的守備，並受警告不要冒風險跟皇帝開戰。博希蒙德在隨後的戰役中失敗，並非因為他缺乏勇氣，而是因為拜占庭皇帝實在太老奸巨猾了。

當博希蒙德挺進到希臘北部，開始有系統地攻取某些拜占庭堡壘時，阿歷克塞突然出現了，兩軍對陣準備開戰時，皇帝派了裝滿長矛的輕型戰車衝進諾曼陣線裡，這招本來會癱瘓部分諾曼主力軍，但博希蒙德早就接到過警告，料到會有此舉。當戰車衝過來時，諾曼陣線隨即讓出一個開口，讓戰車直接穿過，接著諾曼人朝拜占庭人進攻，輕易打敗那些訓練不足的新兵。

阿歷克塞在巴爾幹半島的城市奧赫里德[2]重整軍隊，幾個月後捲土重來，這次他在開戰前先派手下摸黑在戰場上到處撒釘子，希望諾曼人的騎兵在進攻時因此癱瘓。但博希蒙德這回又接到了警告，到了一早，他撤回中間部隊，命兩翼軍隊出擊，大敗拜占庭軍隊。諾曼人幾乎是一接戰就把拜占庭人打得落花流水，這回博希蒙德把阿歷克塞追趕進了巴爾幹山區，攻占皇帝之前的避難城市奧赫里德。

儘管博希蒙德戰無不勝，但那年卻遇到對士氣打擊很大的冬天。糧食短少，能搶

1 作者注：達爾馬提亞（Dalmatian）位於今天的阿爾巴尼亞海岸。

2 作者注：奧赫里德（Ohrid）位於今天的馬其頓共和國（亦為前南斯拉夫馬其頓共和國）。

來的錢更少，諾曼部隊也已經有好幾個月沒發餉了。有些人開始質疑待在這陌生又荒涼的地方究竟是為了什麼？一年前看來近在眼前的君士坦丁堡，如今似乎愈來愈遙遠了。那年春天，阿歷克塞發動了第三次的攻擊。當帝國軍旗出現並開始挺進時，諾曼人正占領著希臘城市拉里薩（Larissa，阿基里斯的出生地）。博希蒙德馬上進攻，追趕逃離的拜占庭人好幾里路。然而，阿歷克塞卻沒在陣中，他另外率領主力軍攻進諾曼人軍營，擄獲諾曼人兩年來的掠奪所得。

此時博希蒙德還以為又打了一場勝仗，因此在一條河邊休息放鬆，邊吃葡萄邊取笑諷刺拜占庭人懦弱無用，這時消息卻傳來軍營遇襲，他立刻率騎兵火速趕回，但為時已晚。他設法擊退拜占庭一次過於心急的攻勢，但還是被迫撤退，召集他四散的手下，放棄那年所有攻占的土地，阿歷克塞又收復了失地。

這位皇帝感到風水輪流轉，於是開啟了跟博希蒙德手下軍官的密談。聰明的阿歷克塞明知博希蒙德最近喪失了大量補給，根本付不出軍餉，還建議軍官們索回全額的軍餉。他更進一步提供帝國軍隊裡有利可圖的職位（還附贈豐厚實惠的禮物），若軍官的榮譽心使得他們無法接受這些的話，阿歷克塞也會保證讓他們安然返家。

博希蒙德有些手下無疑忠誠如一，但要求支付糧餉的人實在太多，因此他被迫要回義大利籌錢。博希蒙德前腳剛走，僅存的士氣就瓦解掉了，他的軍官叛逃到阿歷克塞陣營，只有一個人例外。博希蒙德接到他們背信棄義的消息時，正在達爾馬提亞港口準備上船。這場戰爭輸掉了，但卻非戰之罪，而是敗在無數個小動作。也許是不想馬上面對父親，想等過一段時間父親氣消了再說，因此博希蒙德就在達爾馬提亞港口過冬，等到隔年春天才回義大利。

也幸虧博希蒙德運氣好，羅貝爾倒沒有特別難過，因為平定義大利的亂事已經讓羅貝爾忙得焦頭爛額，但他的解決之道實在太過殘酷無情，以致需要的黃金比阿歷克塞的詭計所需的還多。亂事平定之後，羅貝爾可以專心對付拜占庭了。一〇八四年十月，羅貝爾和他四個成年兒子又上船出發，但途中遭受威尼斯海軍的截擊，因此失散，但就在大局未定，最快的那艘船正趕回威尼斯通報大勝時，諾曼人又重整旗鼓起來設法打敗了威尼斯人。

由於已經過了作戰季節，於是諾曼人就留在科孚島上過冬。就在他們受困島上時，博希蒙德患上熱病，獲得其父批准後，就返回義大利療養。他不在的期間，羅貝爾也患上了熱病，拖了幾個月後就走了。

博希蒙德自然是繼承羅貝爾的不二人選，不僅因為他身經百戰、能發號施令又野心勃勃，而且唯一有分量的對手，他同父異母的弟弟羅傑．博爾薩[3]才十三歲，已經展現出緊張無能，這種性情成了他後來的特點。但命運捉弄人，羅貝爾臨終時，博爾薩（更正確地說，是他的母親）卻在場，博希蒙德則遠在義大利。她說服了眼前聚集的諾曼人，她的兒子，羅貝爾婚生的繼承人博爾薩，才是繼承羅貝爾領土和頭銜的唯一選擇。令人驚訝的是，她為這個主張找到了一個有力的盟友，即博希蒙德的叔叔，西西里島的羅傑一世[4]。由於不管是哪個人當上繼承人，嚴格來說都算是羅傑一世的上級，他當然想要一個能夠操縱的人選。還在義大利養病中的博希蒙德於是再度被奪走了繼承權。

博爾薩與其母親完成了一場高明的政變，但他們若以為事情就這樣定了的話，可就不太了解博希蒙德了。他很憤怒，一等到叔叔平安回到西西里島之後，就開始造反。博爾薩試圖用阿普里亞南部最好的土地去收買這位同父異母哥哥，但反而只是鼓勵了博希蒙德得寸進尺要求更多土地。博希蒙德越過邊界推進到卡拉布利亞，並說服了他弟弟在該地區最有勢力的附庸們倒戈。叛變逐漸擴及整個卡拉布利亞，逼到博爾薩拚命向叔叔求援。羅傑一世的回應則是保持現狀，並逼博希蒙德同意休戰，基本上准許他保留所征服的一切。這種不穩定的和平維持了三年，直到博爾薩發燒病得很嚴重時，博希蒙德就當他的弟弟已經死了，趕快採取行動控制弟弟的財產，並聲稱此舉是為了「保護他姪兒們的利益」。

又一次，他們的叔叔羅傑一世不得不渡海從西西里島前來，管束住博希蒙德，不讓他再奪取弟弟博爾薩更多的土地。這種基本模式後來持續了好幾年，博希蒙德不斷試圖侵占博爾薩的土地，但又不要做得太過分，免得經常把叔叔引來。

這場慢慢燃燒的內戰最終得利的卻是西西里島的羅傑一世，每次他插手干預，就從軟弱的姪兒那裡得到更多讓步，家族關係也理所當然地更加緊張。

一〇九六年的夏天，阿瑪菲城反叛博爾薩，他們的叔叔羅傑一世召來滿肚子不爽的博希蒙德，以表示家族團結一心對抗叛亂。經過九年沒有成果的內戰之後，鬱悶的博希蒙德終於看清楚叔叔是絕對不會准許他擁有任何顯著的權力。然而，就在他準備認命時，一個新良機自動送上門。就在前一年，教宗烏爾班二世（Urban II）曾竭力

3 作者注：博爾薩（Borsa）意思是「錢包」，年輕的羅傑之所以獲得這個綽號，是因為他有個討人厭的習慣，總是喜歡重複數他的錢。

4 譯者注：羅貝爾最小的弟弟，當時領有西西里島的羅傑一世。

呼籲，號召一支十字軍去解救聖地，踴躍的騎士們已經開始陸續群集義大利南部，尋找一條海路前往耶路撒冷。起初，他們大部分都是義大利人，博希蒙德也當他們是一窩蜂湊熱鬧，沒把他們放在眼裡。但就在他安坐阿瑪菲城壁壘前時，組織較大的法國騎士一群群地開始出現，他才意識到這場運動的國際規模。

博希蒙德在義大利永遠不過就是個後起之秀，永遠跳不出他叔叔的掌心，但如今他父親的舊夢卻在向東方招手，要是他無法在西方取得一個頭銜，那大可在地中海東部打天下，建立自己的王國，而十字軍正好提供了最完美的掩飾。接下來要做的就只是宣布他的打算，而他也相當誇張地宣布了。在阿瑪菲圍城戰進行到一半時，他召開一場大集會，很戲劇化地發誓要解救耶路撒冷，並號召所有善良的基督徒加入他。接著他脫下華麗的猩紅斗篷，將其撕成布條，縫成十字架圖案，賜予他的附庸以及那些最快下跪跟從的人。大部分在場的人都熱切加入，為他提供一支很配合其身分的大軍，同時又剝奪了另外兩位羅傑[5]的軍隊。博希蒙德那兩位懊惱的親人別無選擇，只好放棄圍城。

一般都以為十字軍是支單一的軍隊，或者一波軍隊，在某一年中發動遠征。然而，十字軍東征其實更像是連續不斷的運動，而不是如漲潮退潮般湧向東方的武裝部隊而已。他們並沒有一條選定的旅行路線，也沒有單一的共同領袖，只有那些領主之間一個大致的約定，要在君士坦丁堡會合。

十字軍缺乏一個統領，因此幾乎可以肯定會有爭吵且缺乏組織，但博希蒙德看準了這也是個大好的機會。在所有領主之中，他是最經驗老到又野心勃勃的人，要是真的需要有個統帥的話，那他可是天生的人選。他總是把眼光放在未來，很謹慎地扮演著莊重的政治人物角色。

其他領主率領的軍隊恣意妄為，在途經拜占庭國土時沿途掠奪，還經常與護送他們的帝國護衛軍衝突，博希蒙德卻是守秩序和注重禮儀的模範。一切都經過他事先的精心準備。他和姪兒坦克雷德[6]率領一支規模很小但訓練精良的軍隊，從義大利巴里啟航，然後讓他手下分別在達爾馬提亞海岸不同地點登岸，免得造成當地食物供不應求。博希蒙德已經採取預防措施，禁止士兵掠奪，否則處以死刑，防止通常行軍經過

5 譯者注：指羅傑二世和博爾薩。

6 作者注：歐特維爾家族在第一次十字軍東征陣容很好。老坦克雷德至少有六名孫兒與兩名曾孫都參加了十字軍。

異國領土時會隨之產生的不良意圖。

博希蒙德選擇的行軍路線相當艱苦，會在初冬穿越海拔一千兩百公尺的山口，但他的計畫是在聖誕節前平安順利抵達馬其頓西部。然後從那裡沿著埃格納提亞大道（Via Egnatia）行進，十年前他曾與父親率軍行經此道前去征服君士坦丁堡，後來失敗了。而這回，他當然表現非常良好，跟派來盯著他行軍的拜占庭衛隊緊密保持友好關係。

抵達伊庇魯斯（Epirus）時，他派了信差去君士坦丁堡，請求晉見皇帝阿歷克塞。他並非第一個抵達都城的十字軍，所以很急著想知道其他西方領袖得同意些什麼條件，尤其想確定他的對手們沒有一個從皇帝那得到特殊待遇。

西方的騎士們傾向認為拜占庭人性格軟弱，但博希蒙德卻比誰都清楚這個帝國依舊強大，迄今仍是近東最重要的基督教國家，沒有它的支持，就無法獲得永久成就。交情也有其他好處，得到阿歷克塞垂青的話，可以讓他掌控所有十字軍跟帝國的交易；他會成為這個基督教聯盟的關鍵人物，以及十字軍實質上的領袖。

抵達君士坦丁堡之後他所受的待遇很令人鼓舞，僅在聖科斯馬與聖達米安修道院（Monastery of Saints Cosmas and Damian）待了一晚之後，就特別護送他到皇宮去，這是別的西方人所沒有過的榮寵。[7]他在皇宮裡領到了大量禮物以及響亮的頭銜（雖然徒有其名），並見到了皇帝。

博希蒙德置身宮中，站在龐大的皇座之前，皇座以金獅子裝飾，一旦碰觸控桿，金獅子就會起身吼叫。博希蒙德被要求向皇帝宣誓效忠，而承諾將來征服的土地都歸帝國所有。他二話不說就照辦了，但要求任命他為「東方大統帥」（Grand Domestic of the East），即帝國在亞洲所有部隊的統帥。

博希蒙德的這招很完美，但皇帝阿歷克塞太了解他，不會上他的當。表面上皇帝熱烈擁抱博希蒙德，但實際上一點也不信任他，而且也不打算增加博希蒙德那已經很危險的力量。皇帝本希望用些昂貴禮物打發掉博希蒙德，但現在卻有些尷尬，因為博希蒙德大膽提出要求頭銜，所以皇帝就拖延時間，說時機還不宜任命他為東方大統帥，一面又隱約暗示他可以藉著表現能力和忠誠而贏得此頭銜。

博希蒙德最多就只能拿到這些了，於是在一番告辭客套話，以及皇帝承諾會派部隊並運送糧餉給他之後，博希蒙德就告退去跟他的軍隊會合。他們乘渡輪越過博斯普

7 作者注：視他們的重要性（或缺乏重要性）而定，賓客有可能要等上幾星期才能晉見皇帝。

魯斯海峽，然後行軍到尼西亞，十字軍的主力已經包圍了該城。由於連同他和軍隊亟需的補給來得正是時候，博希蒙德的聲望霎時大漲。等到他擊敗了一支土耳其的援軍，得意地用穆斯林帶來綑綁十字軍俘虜用的繩索，拿來綑綁穆斯林時，他的聲望更為提高了。

隨著尼西亞的陷落，博希蒙德繼續走好運。當土耳其人決定向一支摸黑偷溜進尼西亞的拜占庭部隊投降，且拜占庭拒絕讓十字軍進城執行傳統上認可的三日劫掠時，十字軍和拜占庭的關係自此急轉直下。在這樣的情況下，博希蒙德當初沒取得阿歷克塞的背書認可，現在反倒成了一種榮譽徽章。

當十字軍決定要朝安條克方向挺進時，博希蒙德建議兵分兩路，以便易於取得補給。他陪同先鋒部隊先行，而他的主要競爭對手土魯斯的雷蒙（Raymond of Toulouse），唯一能跟他分庭抗禮的人，則率領第二支隊伍晚一天出發。來到多里萊烏姆鎮（Dorylaeum）附近時，博希蒙德中了埋伏，但幸虧他反應快，才化險為夷。博希蒙德於是派了信差去催促雷蒙加速趕來，而土耳其人則誤以為他們已經困住了整支軍隊，於是反覆進攻。等到雷蒙率領大批騎士趕來時，土耳其人四散潰逃，滿地都是他們丟下的埃米爾財寶和日用品。

這場勝利的功勞由兩位指揮平分，全軍則在鄰近拜占庭古城的果園和溪流旁休息了一會兒，喘口氣。土耳其人再度試圖阻止他們越過托羅斯山脈（Taurus），但這次博希蒙德幾乎是獨自一人就擊敗了他們。他徑直衝向埃米爾，跟他一對一打鬥。土耳其人在喪膽之下四處逃散，放棄所有想要進一步阻礙十字軍前進的打算。當晚，一顆彗星劃過夜空，似乎象徵著勝利以及博希蒙德的震天聲望。

這位諾曼人一如以往察覺到了一個良機，於是從主力軍脫隊，自行攻取了附近幾座城市。城市到手之後，再很謹慎地將成果拱手獻給了皇帝，做為他的誠信證明，也很含蓄地提醒皇帝：他仍然有資格可以當「東方大統帥」。博希蒙德不在的期間，有則謠言傳到了十字軍的兵營裡，說安條克無人防守，而土魯斯的雷蒙仍在為博希蒙德的連串勝利感到很不是滋味，於是迅速派了五百人以他名義去占領此地。

可惜雷蒙時運不濟，這則謠言原來是假的，因為穆斯林的增援部隊正湧向安條克。他的手下到了安條克城下之後，才發現該城堅不可摧。幾星期之後，其餘部隊出現，也持同樣看法。

安條克是偉大的東方城市，十二年前穆斯林才藉由策反手段從拜占庭人手中奪取過來。此城沿著西爾比烏斯山（Silpius）山腳下的谷地綿延三點五平方英里，周圍環繞著五百多年前查士丁尼皇帝（Justinian）所建造的城牆，城牆間共有六道大城門，還有四百座守望塔。這些城牆環繞的範圍內高聳著一座山脊，有座龐大的堡壘佇立在一千英尺高的山峰上。多山地形使得要從東、南、西各個方向進攻都很困難，且同時光是城牆的長度就讓圍城幾乎是不可能辦到的事。博希蒙德一直在為自己找個合適的東方都城，所以一見到安條克的雄偉防禦工事，就屬意了這座城。十字軍東征的正式目標是要解救耶路撒冷，但要是他能在這立足，就不用再往前走一步。

十字軍造了三座攻城塔，打算圍城讓守軍斷糧，迫其投降，但他們的人數根本就不足以完全切斷補給。奧龍特斯河（Orontes）供應城內淡水，而三五成群出城外覓食的人也很容易躲開十字軍的巡邏部隊。且更糟糕的是，十字軍很快就耗盡周邊的糧食供應，且經常遭受守軍游擊隊的襲擊。隨著冬日降臨，以及地震和酷寒的風雪，夜空又閃現極光，更為普遍瀰漫的陰鬱增添了恐怖氣氛。幾次死命攻城的嘗試都落得慘敗，消息又傳來說，一支龐大的穆斯林援軍在可怕的摩蘇爾的卡布卡（Kerbogha of Mosul）指揮下，正朝這裡趕來。到了春天，每七名十字軍將士就有一名快要餓死，大規模的叛逃開始了。

博希蒙德老早就得出結論，安條克是不能靠攻打強取，要是以武力豪奪行不通，那麼顯然智取才是關鍵。他透過某種方式連絡上城內一名叛徒，此人同意把其中一座守望塔交給十字軍。接下來博希蒙德要做的就是選擇時機。

首先他得除掉任何會奪取此城的競爭對手，十字軍陣營中仍有一小支拜占庭的分遣部隊，希望在攻占安條克之後能取得城市控制權。博希蒙德把這支部隊的統領召來自己的營帳，暗示說有個謀殺他的計畫正在進行中，而博希蒙德則當然很遺憾地說無法遏止這計畫。雖然消息是假的，可是對方卻很容易相信這謠言，翌日，此人就突然帶著隨從離開了。博希蒙德再反過來宣布說拜占庭人因為膽小懦弱所以溜走了，丟下大家不管，任由我們自生自滅。十字軍曾立誓要把安條克交還給帝國，但現在可以安然置之不理。

博希蒙德接下來宣布說，因為義大利那邊的迫切需要，所以他正在考慮離開。他的話引起了適當的效果，由於他在每次的軍事行動上都扮演了主導角色，因此想到將要失去他，而眼前卡布卡又逐漸逼近，讓十字軍驚恐不已。當然，十字軍裡的其他王公也知道博希蒙德是在嚇唬眾人，但面對眾人的意向時他們也顯得無力。接著，博希蒙德又拋出一個想法，他可以接受安條克做為補償他在老家的任何損失，這麼一來，就連土魯斯的雷蒙也只好低頭了。

在眾人都同意把安條克交給博希蒙德之後，他才坦承已經安插了個內應，並把計畫告訴眾人。十字軍眾王公先讓軍隊拔營出發，看來好像要去迎戰前來的卡布卡，然後在夜色掩護之下偷偷回師，從那位叛徒留下未鎖上又無人防守的便門溜進了城內。

破曉前的兩小時，博希蒙德率領六名士兵爬上梯子，很快占領兩座相近的塔樓以及塔樓之間的城牆。在城裡的基督徒協助之下，打開了一道城門，於是十字軍一擁而入。到天黑時，城內已經沒有一名土耳其人活口了。十字軍抵達安條克七個多月後，終於落入十字軍之手。

然而，這場磨難還沒有結束，雖然該城陷落了，但山上的堡壘依然由土耳其人控制著。博希蒙德在試圖獨自攻占堡壘時受了傷，且更嚴重的是，卡布卡正率領七萬五千名大軍前來。頭一個問題倒也還容易應付，博希蒙德蓋了一道城牆圍住堡壘，防禦來自堡壘的攻擊，然後把心思轉到防守他新到手的城市上。兩天後，卡布卡兵臨城下。

十字軍陷入了絕境。七個月的圍城戰耗盡了城內的糧食，且眼前已無時間補充。情況慘到有些騎士只好殺掉他們的馬兒來充飢。此時逃兵更落井下石，告知卡布卡城內的慘況。卡布卡試過對博希蒙德防守的那段城牆發動猛烈攻擊，結果遭遇十字軍艱難地反擊。他很清楚十字軍已經瀕臨崩潰邊緣，所以就圍城坐等情勢轉變。

現在只有奇蹟出現才能解救受困的十字軍了，但他們走運，奇蹟隨即到來。有位名叫彼得．巴托羅繆（Peter Bartholomew）的法國隱士聲稱有位聖徒向他顯靈，並指引他聖槍（Holy Lance）的所在，這是百夫長曾用來戳刺基督側腹的槍。在天使的協助下，加上這件效力強大的聖物領導，他們一定可以打得卡布卡落荒而逃。

博希蒙德倒不見得相信這套說法，畢竟他很可能在君士坦丁堡已經見過那支聖槍了，但他卻很清楚這對士氣會有什麼影響，所以當彼得很戲劇化地在該城主教座堂的地面下挖掘，並找到一塊生鏽的金屬時，他是率先聲稱這是真正的聖槍的人之一。他勒令禁食五天，然後只在城內留下兩百人，就率軍開拔持聖槍發動全面攻擊。

十字軍的隊伍中有許多騎士餓得連腳步都走不穩，景象看來必然是可悲多過可怕，但儘管如此，博希蒙德的進攻卻是選中了時機。卡布卡的聯軍正在四分五裂，大多數的埃米爾都不信任他，且生怕攻打安條克成功的話，會讓他的勢力變得太龐大。所以當十字軍從城內出擊時，他們選擇棄甲而逃。卡布卡其餘部隊人數依然壓倒了十字軍，但當他們見到十字軍的規模時，就開始心生膽怯，於是就放火焚燒兩軍之間的野草，想藉火勢拖延十字軍的腳步。但此時風卻把濃煙吹向土耳其人，原計畫的撤退戰術卻演變成一場潰敗。與此同時，在山上放牧的亞美尼亞人和敘利亞人也見機下山報復土耳其人十年來的壓迫，加入了這場殺戮。

勝利已定，堡壘裡的土耳其防禦者眼看著這場崩潰在他們面前展開，知道一切皆已無望。最讓博希蒙德滿意的是，土耳其人宣布他們只肯向他投降，無疑給了他的老對手土魯斯的雷蒙補了一刀。雷蒙因為病倒了，只好被迫在一旁看著整場戰事的發展。

雷蒙無法接受這個消息，他寸步不讓，拒絕承認博希蒙德是安條克的主子。他的固執造成全體十字軍行動戛然而止，但是他的立場也不僅只是為了些小理由而已。他就跟博希蒙德一樣，希望被認可為十字軍的最高指揮，而他也夠精明，曉得不管私底下多厭惡拜占庭人，但十字軍若要有望取得長遠的成功，還是需要拜占庭人的幫忙。安條克是拜占庭帝國的重要城市，如果交給了博希蒙德，將會永久破壞十字軍跟君士坦丁堡之間的關係。

各路十字軍的首領們在博希蒙德和雷蒙間分成了兩派，躊躇不決了幾個月。此時軍中傷寒蔓延，勝利之後歡欣雀躍的士氣也再度沉到谷底。但底下的士卒並不真的在乎哪個首領掌控住安條克，事實上，他們根本就不在乎安條克。他們投身的大業是解放耶路撒冷，待在小亞細亞愈久，爭吵的時間愈長，他們就愈來愈憤怒。

演變到最後軍隊來到了兵變邊緣，雷蒙和博希蒙德這才彼此妥協。博希蒙德可以取得安條克，條件是承認雷蒙為十字軍的領袖。在安條克耗了十五個月之後，十字軍終於開拔了，留下心滿意足的博希蒙德待在安條克。

這是博希蒙德人生最偉大的勝利時刻，他參加十字軍的目標從來都不是前往耶路撒冷，而是要建立自己的國家。如今他已握有近東最重要的一座城市，可以主宰有利可圖的朝聖貿易，以及將來在附近建立的十字軍王國。幾個月後，當他以安條克公爵的身分造訪才剛攻下來的耶路撒冷時，被視為地區上最有勢力的統治者，可以輕易地確保自己推舉的人選當上宗主教[8]。

可惜，博希蒙德的勝利只維持了很短暫的時間，讓他贏得財富和勢力的膽大妄為性格，也正是讓他栽跟頭的原因。西元一一〇〇年夏天，他讓姪兒坦克雷德擔任安條克的攝政，自己只率領三百人向北方進軍，朝幼發拉底河上游地帶發動攻勢，結果不幸中了埋伏被俘，被關進土耳其人的牢裡。阿歷克塞皇帝願意為他付出贖金，條件是

8　譯者注：宗主教（patriarch），西元四、五世紀時變為教會的頭銜，享有宗主教尊稱的有羅馬、君士坦丁堡、亞歷山大港、耶路撒冷、安條克等五城之主教。東方教會法規定，教宗授權賦予宗主教特殊治理權。

要把他送往君士坦丁堡。博希蒙德回絕了，結果被迫當了三年俘虜，直到坦克雷德籌夠了錢去贖回他的自由身。

當博希蒙德不在安條克的期間，坦克雷德大大擴張了這個公國的規模，博希蒙德一獲釋後，就向南進軍希望進一步擴張領土，結果卻是又落得個慘敗。安條克如今被夾在撒拉森人和拜占庭的兩大勢力之間，兵力耗盡難以自持，更別說還想向兩頭擴張領土了。如今唯有從歐洲大量輸入新兵才能挽救這個局面，因此博希蒙德在一一〇五年離開安條克，去招募一支新的十字軍以為奧援。

他的努力得到很戲劇化的成功。在義大利，博希蒙德所到之處群眾皆蜂擁迎接他；在法國，國王腓力一世（Philip I）想把女兒嫁給他。他被廣泛視為第一次十字軍東征的英雄，因為太受歡迎了，以致英格蘭國王亨利一世（Henry I）拒絕讓他登陸英格蘭，唯恐他招募太多英格蘭貴族從軍。一來博希蒙德被自己的名人身分給沖昏了頭，二來也發現拿拜占庭來當替罪羔羊很容易，可以把一切不幸都怪到拜占庭頭上。[9]於是博希蒙德很不明智地決定重溫他想坐上君士坦丁堡皇座的舊夢。

博希蒙德率領多達三萬五千名人馬的軍隊侵略了達爾馬提亞海岸，並攻擊帝國最西邊的城市都拉斯。但這次卻不像前兩回，此時的拜占庭人要強盛得多。阿歷克塞好整以暇迎戰諾曼人的同時，也說服威尼斯海軍去攻打博希蒙德的艦隊，而且輕鬆就擊潰他的艦隊。此外，阿歷克塞也巧妙地避免正面迎戰博希蒙德，同時瘟疫和圍城劫掠也耗掉博希蒙德的兵力。博希蒙德的退路已被切斷，加上一連串災難性的小規模戰鬥，雙雙削弱了軍隊士氣，最終博希蒙德被迫羞辱地提出休戰。

這相當於無條件投降，雖然他仍獲准保有安條克，但卻只是阿歷克塞的附庸；所有從拜占庭奪來的領土都得歸還，阿歷克塞還派了一位自己挑選的希臘宗主教進駐該城的主教座堂。

博希蒙德經過一輩子的奮鬥，才眼見不久前讓人眼花撩亂的勝利，但這最終的打擊實在太大了，博希蒙德甚至拒絕重返安條克，反而乘船前往西西里島，三年後在傷心絕望中離世。博希蒙德的遺體被送到義大利城市卡諾薩，安葬在一座樸素的陵寢中，我們今天仍然可見到這座陵墓，以及標誌其上的BOAMUNDUS字樣。

博希蒙德如此傑出的一生卻落得堪憐的下場。但多虧有他的侄兒坦克雷德，安條

9 作者注：「拜占庭」一詞的現代意義：極其複雜費解又兩面手法，多半源自這個時代。多數西方人認為拜占庭人出賣了他們，並把後來十字軍的種種災難都怪到這些「奸詐的希臘人」頭上。

克公國才得以延續下去，雖然沒能達到當初博希蒙德所預想的主宰力量。諾曼人的精力與大膽進取，以及他們偉大的傳承，則進一步往西發展。即便博希蒙德離世了，卻還是在陽光普照的西西里島盛開。

第十二章 上主的右手

當羅貝爾去世時，征服西西里島的事業就擱下未完成，他在義大利南部的領土照例在兒子們的你爭我奪中而不得太平。有段時間看來諾曼人卓越的發展已經到了盡頭，沒有一個能力如羅貝爾的領袖崛起取其頭銜。而義大利南部諾曼人前線的大業，西西里島的戰事，就落到羅貝爾最小的弟弟肩上。

羅傑一世是歐特維爾家族中是最不像征服者的孩子，他是老坦克雷德排行第十二的兒子，小他有名的哥哥十六歲。他總是跟哥哥們有點不相像，體格上沒有那麼出眾，但卻更懂事，在歐特維爾家族中展現出罕有的能控制脾氣的天分。

他早年的生活我們所知不多，只知道是在諾曼地的家族莊園中度過，可能跟他的哥哥們受過同樣教育，成長過程在一名富有的騎士底下當學徒。當他二十四歲時，除了一個哥哥之外，其他的兄長都到南歐闖天下去，要不是碰巧認識美麗的茱迪絲・埃夫勒（Judith d'Evreux），羅傑很可能心滿意足地留在這幾乎已沒人的家裡。羅傑和茱迪絲兩人社會地位懸殊，女孩是征服者威廉那邊的親戚，但他們卻相愛了，不久羅傑就打算娶她。可惜羅傑既沒有土地也沒有財富，茱迪絲的父親對某個地位很低的騎士想娶走他的女兒，想當然耳不會感到高興。要是羅傑想娶她的話，就得先找到合適的聘禮，於是他就前往義大利去賺取名利。

正巧羅傑的哥哥羅貝爾忙著平定卡拉布利亞，所以很高興能用得上弟弟的本事。兄弟倆沿著海岸大膽出擊，五年之內平定了該地。這些成功經驗似乎讓羅傑胃口變大了些，於是他建議針對更富有的目標，也就是隔著狹窄的墨西拿海峽，距離義大利半島海岸不到兩英里的西西里島。此時西西里島仍受阿拉伯人控制，且正巧陷入一片混亂。

阿拉伯人在九世紀中從北非來到西西里島，接下來的一百年都花在從拜占庭人手中奪來此島。西元九六五年，他們終於攻克帝國在島上的最後一個前哨，然後定居下來享受辛苦得來的成果。有一個世紀之久，西西里島算是北非穆斯林帝國相當太平的部分，這個帝國是由位於現在突尼斯海岸的城市馬赫迪耶（Mahidia）所控制。但馬赫迪耶卻陷入了伊斯蘭世界的權力鬥爭，對外跟埃及打仗，國內則有內戰，內憂外患削弱了它對西西里島的控制力。隨著通訊傳遞崩解，西西里島上的民族對峙情勢也愈發緊張。最早來到的阿拉伯人對於愈來愈多從馬赫迪耶渡海而來的柏柏人[1]感到不滿，而雙方又都不信任當地的希臘人。等到羅傑來到西西里島時，西西里島已經在三派敵對的埃米爾間分裂了，而且阿拉伯人和柏柏人之間也爆發了種族戰爭。這是入侵的完美時機，但挺令人驚訝的是，其中一位埃米爾竟然邀請羅傑入侵西西里島。

即便以當時的標準來看，伊本·提姆拿（Ibn Timnah）也是個惡霸，他殺了他的前任埃米爾而奪得敘拉古的政權，還占有了這人的寡婦，然後又試圖擴張到他鄰居的領土裡（墨西拿埃米爾的領土，而這位埃米爾恰好就是他搶來的妻子的哥哥），但卻落得慘敗的下場。提姆拿被迫簽下恥辱的條約已經夠糟了，還喝醉酒拿妻子出氣，把事情弄得更糟。他妻子逃到墨西拿找哥哥訴苦，惹得這位兄長在狂怒之下誓言要拿下提姆拿的人頭。此時，酒醒的提姆拿被趕出了敘拉古，為了保住性命只好逃往義大利

1　譯者注：柏柏人（Berber），實際上柏柏人並不是一個單一民族，而是眾多文化、政治和經濟生活相似的部落族人的統稱。且柏柏人並不是自稱，而是源自拉丁文中 barbari（野蠻人）的蔑稱。

半島。他在卡拉布利亞遇到了羅傑，提出跟諾曼人合作，條件是聯手控制西西里島。

羅傑對這邀請求之不得，雖已是仲冬時節，不是開戰的好時機，但他還是召集了一百五十名騎士組成的軍隊渡過海峽。起頭一切很順利，墨西拿的總督被誘入埋伏而遇害，等到駐軍衝出來要為總督報仇時，卻遭諾曼人迎頭痛擊。遺憾的是，羅傑因為年輕氣盛而導致軍隊敗下陣來。羅傑眼見有機會奪取墨西拿，加上他想求取豐功偉業，於是就輕率領軍攻向城牆，卻遭到迎頭痛擊，損失慘重。羅傑要撤軍回到船上去，但在來到海灘時，卻發現一場風暴已捲走他的艦隊。有整整三天，諾曼人被迫在海灘上紮營，除抵禦不斷襲來的穆斯林之外，還要努力設法保暖。終於到了第四天，諾曼艦隊返回，羅傑這才順利脫逃。

儘管這場戰事很令人洩氣，但羅傑卻仍堅定不移。幾個月後他又再度嘗試，這回有哥哥羅貝爾的協助，兄弟倆集結了為數將近五百名的騎士軍團。穆斯林察覺到危機，於是派了一支巡邏隊在海峽戒備。對此，兩兄弟心生一計。羅貝爾在海峽北端大聲張揚，佯裝要準備渡海的樣子，另一頭羅傑卻帶著半數騎士從海峽南端偷偷渡海。羅傑在墨西拿五英里外的海岸登陸，發現完全無人防守。在向墨西拿挺進的途中，他攔截一支穆斯林的輜重車隊，竟載有墨西拿駐軍的全部糧餉。且更幸運的事情還在後頭，墨西拿的防禦主力都向北進軍，準備迎擊預期中會渡海的羅貝爾，而留下空蕩蕩無人防守的城牆。羅傑手下的第一名士兵越過城垛後，居民就都投降了，於是城內就高掛起羅傑的旗幟。海岸邊的穆斯林軍隊一見到旗幟，就曉得發生了什麼事，急忙逃往內陸。

如今諾曼人在西西里島有了立足之地，但卻沒時間坐下來好好享受。兩兄弟出席一場由該城希臘裔居民主持的感恩禮拜後，就會和他們的阿拉伯盟友提姆拿，準備深入前往該島的中央高原。他們的目標是要攻下宏偉的恩納（Enna）堡壘，打倒提姆拿的大舅子。可是等到他們抵達城下，卻發現這座堡壘堅不可摧，且更糟糕的是，這位埃米爾早已召集所有軍隊，欣喜地看到這些討厭的諾曼人孤軍深入。埃米爾認為此時是一舉消滅諾曼人的良機，於是發動了猛烈的攻擊。

這是西西里島的穆斯林首次跟諾曼人軍隊正面交戰，這齣戲碼將會在未來的三十年中不斷上演，且結局都是一樣。儘管穆斯林的人數遠勝於諾曼人，但是阿拉伯的輕騎兵卻遠非諾曼重甲騎士的對手。戰鬥進行得很快，從穆斯林的角度來看，簡直就是慘不忍睹，數千名兵士遭到殺害或俘虜，倖存者則逃到安全的堡壘裡，閉門不出。

每位參戰的士兵在這場戰爭中奪得的財物，都足以讓他們發財。不知所措的阿拉伯人斷定諾曼人是無懈可擊，且更重要的是，連諾曼人自己也這樣認為。在未來的歲月裡，諾曼人總是以寡敵眾，上了陣就絕不猶豫。

羅貝爾兄弟倆取得了驚人的成就，卻因為該如何利用眼前的成功而意見分歧。羅貝爾一如以往，他更關注義大利，且因為又發生了一場叛亂，他需要撤軍平亂，但羅傑卻想要繼續進軍。由於他們沒有重型攻城裝備，因此不可能強攻恩納城，但起碼可以向周圍的城鎮索取保護費，並進一步削弱恩納城埃米爾的後援。最後，哥哥羅貝爾的意見占了上風，但因為羅傑在西西里島停留了足夠長的時間，於是攻下了一座蓋在山上的大型希臘人聚落：特羅伊納。特羅伊納是居高臨下的兵家重地，可一覽無遺周邊的平原。兄弟間的緊張局勢始終在醞釀中，但羅傑沒得選擇，唯有聽命。到了聖誕節時，羅傑帶著最後一批部隊返回義大利。羅貝爾在宮廷召見羅傑，後者很驚訝地發現久未聯絡的茱迪絲竟然在現場迎接他。

在注重政治聯姻的時代，羅傑和茱迪絲的愛情故事難能可貴。茱迪絲的父親是位有權勢又野心勃勃的貴族，決心利用女兒來增加他的人脈。但茱迪絲卻愛上了一個人，而且很聰明地進了修道院，逃離父親，也避開條件更好的追求者。茱迪絲在修道院耐心等候了五年，此時，他的父親和威廉公爵發生爭執，被迫帶著女兒逃離諾曼地。等到他們來到義大利，茱迪絲就迫不及待地還俗了，然後直奔羅貝爾的宮廷。

兩人歡喜重逢之後，羅傑馬上向她求婚，而那位落魄的父親也就答應了這門婚事。然而，這又引發一個尷尬的問題。就在羅傑即將要跟諾曼地的名門之女結婚時，手上卻沒有土地可以當新娘的聘禮。羅傑有不少之前戰事得來的珍寶，但羅貝爾卻拒絕授予他任何土地。問題出在他的哥哥心懷妒忌。羅貝爾早年艱辛地在義大利赤手空拳打出天下，如今他的小弟卻指望他分些土地。羅貝爾心理不平衡事小，重點是土地及其伴隨而來的收入，會讓羅傑擁有獨立的權力來源，將不受羅貝爾管轄，成為潛在的威脅。

但羅傑已不再是那個到他哥哥手下服務的初出茅廬小夥子，羅貝爾已無法置之不理。他向羅貝爾正式提出取得土地的要求，並附帶通知說如果四十天內羅貝爾沒有給予回覆，他就會訴諸武力解決。當哥哥的覺得這並不好笑，於是召集了軍隊向卡拉布利亞挺進，羅傑這一頭也已經準備好應戰。雙方很快就在鄉間兵戎相見，羅貝爾設法將弟弟困在了一座城鎮，但當他要求進入城鎮時，鎮民卻站在羅傑這邊，讓他吃了閉門羹。到這時，羅貝爾才醒悟到蹂躪自己的領地將適得其反，於是意圖略施小計來結束這場戰鬥。

羅貝爾在鎮內有些支持者，要是能跟他們取得聯繫，就有機會利用內應來削弱羅傑。他設法溜入鎮內跟他的黨羽會面，但卻被路人認出而落得事與願違。羅貝爾差點當場被殺，是在威脅與求情軟硬兼施之下，才勉強保住了性命。羅貝爾眼看是很落魄，但至少還活著。他被帶到羅傑的跟前去。

對於弟弟來說，有這麼一次審訊哥哥的機會，必然是很快意的事，但羅傑太精了，不會落井下石。他們仍需要彼此，私人恩怨終究掩蓋不了他們講究實際的精神。羅傑可能費了些工夫讓羅貝爾感受到壓力，但就跟接下來發生的事一樣，完全都是逢場作戲。羅貝爾被帶到弟弟面前，羅傑當眾擁抱哥哥，大聲哭著允諾，再也不會像今天這樣骨肉相殘了。[2]羅貝爾也完全理解這個教訓，兩人從此再也沒有發生過爭執。

這個解決方式讓羅傑在西西里島有了喘息空間，可惜兄弟反目的傳統卻延續到了下一代。羅貝爾一死，他的兒子們就開始內鬥，這回反倒要靠羅傑這位政壇老手來維繫四分五裂的家族。[3]羅傑在忙著跟穆斯林打仗的同時，還要不時抽空回義大利處理家族自相殘殺的混亂局面。這是件麻煩事，也因此拖慢他征服西西里島的步伐。

在他多次前往義大利期間，羅傑通常讓私生子約爾丹（Jordan）主持西西里島的征服大業，這孩子顯然大有其伯父之風，因為在他很年輕時，就顯得詭計多端且凶殘勇猛，讓征服大業得以持續推進。約爾丹藉由竊取一座城市的家畜而攻占該城，又誘使另一座城的城民來到城外，他則鎮定自若地率領手下騎士要求該城投降。然而這一切成就也讓他想要得寸進尺。他的私生子身分讓他無權繼承大位，因此這表示他得要獨自打出江山來才行。當羅傑在義大利修補一次脆弱的休戰協議後，回頭卻發現約爾丹起兵造反，要求得到屬於他眼中的那份家業。

諷刺的是，約爾丹是羅傑最疼愛的兒子，幾乎可以肯定會留給他一份豐厚的遺產。然而羅傑似乎永遠把持不住家族間的和諧。經過無情鎮壓約爾丹的叛亂之後，羅傑還是恢復這位逆子所有的恩寵，但在幾個月後卻眼看著兒子患上熱病死去。

就在羅傑分心忙於家務之際，西西里島的局勢卻日愈惡化。他的盟友提姆拿遇刺身亡，這對羅傑倒不是大損失，因為他從來就沒打算要分享權力。更嚴重的是，當地人不再將諾曼人視為解放者了。這當然只能歸咎羅傑後來的做法，他的威嚇政策用於聚斂財富很有效，但用來建立人民的忠誠卻很糟糕。他征服的地區原本就布滿潛在的

2 作者注：會面地點在一座古羅馬橋上，至今仍為稱「詭詐者之橋」，以紀念羅貝爾。
3 譯者注：指博爾薩和博希蒙德的糾紛，見本書第十一章。

希臘正教信徒支持者，但因為羅傑太忙於搜刮金錢而無暇經營當地的支持力量。

羅傑是吃過苦頭之後才學到跟當地人保持良好關係的重要性。羅傑回到位於西西里島東北的根據地，準備發動戰事，期間他稍事停留為新妻子安排了一座合宜的豪華宅邸。但羅傑前腳才率軍隊出發，鎮上的希臘人後腳就跟穆斯林串通一氣鬧起事來。茱迪絲總算設法奮力穿過紛擾的街道，進到附近一座安全的城堡。第二天羅傑回師，但因為反抗力量是如此強大，以致他無法救出妻子，只能跟他一同坐困愁城。

那年冬天氣候特別嚴寒，雖然羅傑有很多糧食，但卻很快遇到燃料和保暖衣物嚴重短缺。終於，在隔年的年初他們找到了破口。包圍城堡的人是靠取得鎮上的葡萄酒供應來喝酒取暖，隨著時間過去，他們的紀律開始鬆懈。在一個特別寒冷的夜晚，眾人喝得酩酊大醉，忘了要派哨兵站崗。到了夜裡，羅傑和手下士兵設法溜進他們的營帳，趁那些穆斯林酣睡時殺了他們。

雙方都從這次經驗中學得了教訓，而羅傑再也沒有忘記過這個教訓。從那天起，不管他的臣服者的信仰或種族為何，他都很小心地迎合當地所有人。他這樣做是正確的，因為此時北非的穆斯林正欲來犯。非洲海岸城市馬赫迪耶的伊斯蘭統治者決心重新伸張他在西西里島的統治權，於是派兒子們率領兩支軍隊來粉碎這些諾曼新貴。兩軍朝內陸挺進，在特羅伊納以西的切拉米鎮（Cerami）和羅傑的軍隊遭遇，情勢對羅傑大為不利，因為撒拉森人軍隊人數多達三萬五千，而他只能召集到一百三十名騎士和三百名步兵。但諾曼人有著堅定不移的自信，且因駐紮在山頂，占據較有利的地勢。穆斯林等了三天，想要等諾曼人下山來，到了第四天，他們再也沒耐性等了，就朝山坡上衝鋒而去，急著要先發制人。雙方激烈纏鬥了一整天，最終，諾曼人的優越紀律占了上風。穆斯林反覆衝鋒也無法突破他們的防線，而且往山上衝鋒數小時也讓穆斯林筋疲力盡。等到穆斯林撤退時，諾曼人這才下山追討他們，原本一場有秩序的撤退霎時變成全面潰敗。夜幕低垂時，穆斯林的營地以及輜重都落到諾曼人手中，而撒拉森人軍隊絕望地潰敗。

這是歷史上最出色的戰役之一。一支小部隊不僅抵擋比它多七十倍的軍隊，更堅毅地打得對方落花流水。要是以前還有人質疑諾曼軍隊的優秀程度的話，現在可就完全沒有雜音。儘管穆斯林仍控制三分之二的西西里島，但實際上他們已無抵禦能力。穆斯林再也無力來犯或聯手抵禦，從此時起，最終全面征服西西里島也只是時間早晚而已。

然而，誰也不清楚究竟還需要多少時間。羅傑乘勝追擊，意圖拿下巴勒摩並給予重擊，但這番努力卻落得慘敗。巴勒摩是地中海第三大城市，有二十五萬人口，僅次於君士坦丁堡和開羅，需要有相當規模的軍隊才能征服。羅傑設法說動羅貝爾提供所需火力，但此城通向海岸，這使得陸上圍城毫無作用。更糟糕的是，羅傑選了狼蛛孳生的地點紮營，這種毒蜘蛛的模樣以及被咬到後的痛苦，在在破壞軍隊的士氣。才過了三個月，圍城軍就知難而退，決定除非擁有船隊，否則不會捲土重來。

羅貝爾返回義大利做些必要的安排，一方面敉平叛亂，一方面抵禦拜占庭人的攻擊，這一拖就拖了七年。與此同時，羅傑則利用柏柏人與阿拉伯人長久以來的互鬥而讓他的敵人們疲於奔命。羅傑已從長時間兵力短缺中磨練出了耐性，他也樂得緩步進展，鞏固他的征服成果。一〇六八年，島上僅存的柏柏人設法趁羅傑出擊時埋伏突襲他，要求他當著壓倒性大軍的面前投降。但結果大出眾人意料，羅傑反倒高興地選擇攻擊他們，率領騎兵連連衝鋒陷陣，搗毀穆斯林的軍隊。

穆斯林已經有一段時間沒冒險跟羅傑正面交戰，而羅傑就利用前不久的那場勝仗，玩了些心理戰。他命人用戰死的敵人鮮血，將戰爭結果詳細地寫下來，然後用信鴿送到巴勒摩。等到他率領軍隊跟著信鴿前去，加上羅貝爾待命已久的艦隊，巴勒摩幾乎馬上就投降了。

羅傑開出的條件顯示出他真的從特羅伊納城的叛變中學到了很多，巴勒摩被迫接受常見的成為諾曼人的城堡，但城中的穆斯林可保有宗教信仰自由，條件是他們承認新政權即可。這種符合常識的解決方法，以及對多數被統治者的寬容，成了諾曼人統治的基石。這是個緩慢而痛苦的過程，羅傑整整花了二十年才全面征服西西里島，但他所到之處，都給予被征服者同樣的條件。希臘百姓可以由國家出資，重建並翻修他們的教堂。而占西西里島人口百分之八十的穆斯林，也准許照樣在原地居住和禮拜，一如過去一百年他們的生活方式。地方政府所施行的稅收和司法，也都保持不變，並吸收希臘正教徒和穆斯林加入新行政機構。

唯一的嚴重阻力則來自敘拉古的埃米爾，該地是西西里島東南海岸的大城市，但羅傑必須親自面對他。巴勒摩攻陷之後，羅貝爾就離開了西西里島，帶走大部分的軍隊，從此沒再回來。

攻占敘拉古的第一個步驟，是先確保切斷它和北非的聯繫。西西里島到處仍零星散布著柏柏人部隊，而馬赫迪耶的埃米爾則正在製造麻煩，但他已在內戰中跟北非內陸切斷了聯繫，因此迫切需要西西里島的小麥。羅傑很清楚他的困境，因此用很聰明的手段讓他保持中立，透過獨家貿易合約，提供馬赫迪耶所需的一切糧食供應。

敘拉古的埃米爾則以襲擊羅傑境內的一座女修道院做為反擊，還將好幾名擄獲來的修女收進他的後宮。此行徑有引發宗教戰爭的危險（羅傑不計代價想要避免的事），於是羅傑立刻採取行動。他召集一支前所未有的大軍，派出艦隊從海路封鎖此城，然後經陸路挺進。艦隊率先抵達，與穆斯林軍艦交戰的水域，正是一千五百年前雅典人海軍在伯羅奔尼撒戰爭中慘敗的同一水域。這回的交戰也是一戰決勝負，埃米爾親自指揮他的軍艦，卻不幸地從船上跌入海中，大吃一驚的水手們還來不及救他，他身上沉重的盔甲就讓他葬身海底。敘拉古抵禦了幾天，但因失去埃米爾，城民也無心反抗，於是就開城投降。

這場勝利可說消滅了穆斯林在西西里島的勢力，雖然還有些殘餘勢力有待清除，但此時雙方都很清楚結局在望。其後三十年的大部分時光，羅傑手下不留情地繼續鎮壓地方勢力，到了一〇八六年春天，只剩下一位埃米爾伊本·哈穆德（Ibn Hamud）仍頑固抵抗。哈穆德的根據地在西西里西南海岸的阿格里真托（Agrigento），但是他的勢力卻源於位於島嶼中部堅不可摧的恩納堡壘，羅傑和羅貝爾兩人都沒能攻下這座要塞。而情勢也很明顯，在資源有限的情況下，發動另一次的正面攻擊並非良策。不過還有很多比用武力克敵更好的方法，而且羅傑也很快就心生一計。一如以往，他仔細做好準備。第一步是先孤立哈穆德，不讓他跟任何可能結盟者有接觸。西西里島的穆斯林傳統上都是接受北非的援助，但羅傑卻設法跟突尼斯的埃米爾結為同盟，因而有效截斷哈穆德跟突尼斯的往來。就在羅傑的外交使臣帶回勝利的消息之後，另一名信使也通知羅傑，他手下一支突擊隊已經擄獲哈穆德的妻兒。

現在唯一要做的就是給予西西里穆斯林最後致命的一擊。羅貝爾無疑會充分利用時機，趁著哈穆德還糾纏在損失之中時，向恩納發動猛烈進攻。但羅傑卻更成竹在胸，他非常清楚自己手上現在握有很重要的籌碼，因此相當尊重地小心對待哈穆德的妻兒，讓他們在旅途中享有舒適，招待他們跟自己同桌吃飯，並坐在上座。除了自由以外，准許他們提出的一切要求。他故意花時間重建防禦工事，鞏固諾曼人對新領土的控制，讓哈穆德獨自想想抵抗諾曼人的毫無意義。

過不了多久，哈穆德就體察到現實的局面。穆斯林的處境每況愈下，已經不再有任何外援的希望。由於羅傑對待被征服者的懷柔手段，使得哈穆德難以喚起人們對諾曼人的抗拒情緒，或號召剩餘部隊持續為注定失敗的戰爭而犧牲。

一〇八七年的年初，羅傑認為時機到了，可以提出條件，於是僅在一百名騎士的護送下，騎馬來到宏偉的恩納堡壘城牆腳下，邀其對手商談。此時，哈穆德顯然已經搖擺不定，加上羅傑善待他的家人，因此他決定私下跟諾曼人達成某些妥協。他們兩人談得相當愉快，但一談到投降時，哈穆德很哀愁地告訴羅傑，這是有損他榮譽的事，恕難接受。他繼續說道，就算他是那種願意捨棄節操的人，他的手下也絕不會接受這種懦弱的行徑，可能在他還沒打開城門前就會先殺了他。

羅傑很精明，聽出哈穆德的弦外之音，於是就提出一個巧妙的解決辦法，可保住哈穆德的顏面。幾天之後，哈穆德率領大部分軍隊走進精心準備好的埋伏點。為了保全將士們的性命，哈穆德不失身分地提出投降，恩納也就在無人死傷的情況下陷落了。

哈穆德滿懷感激地受洗成為基督徒，羅傑還讓他自行選擇大片的房地產業，結果他選擇到卡拉布利亞去，遠離原來的勢力中心，否則一有叛亂情事就可能讓他難脫嫌疑。後來哈穆德躋身成為貴族，人們有意忽略掉他不合規範的過去（例如他娶了表妹），從此平安無事地過完一生，成了一位受人尊敬的小貴族。

羅傑又多活了十三年，精簡他的政府組織，並把影響力擴及至義大利。大部分時候，他的心思都放在增進臣民的繁榮興盛上，並拒絕涉入任何重大衝突。[4]當第一次十字軍東征的呼籲傳來時，他可說是唯一沒有回應的王公。在他自己的領地裡，穆斯林人口遠超過諾曼人，而且又仰賴與北非的貿易來致富，因此他最不想看到的莫過於發生一場宗教戰爭。他對外保持中立，而且也迫使他的穆斯林貿易夥伴們保持中立，後來證明這是很健全的經濟政策。到了世紀之交，西西里島更加空前安定繁榮又穩固，貿易蓬勃發展，藝術也百花齊放。透過十字軍運動，歐洲與黎凡特（Levant）的商貿路線都會途經巴勒摩和墨西拿的市場，所有沾上邊的莫不興隆。

羅傑唯一的遺憾是他心愛的茱迪絲，沒能在他身邊共享這一切美好。茱迪絲在幫丈夫生下四名女兒之後，於一〇八〇年去世。羅傑第二任妻子又為他多添了三個女兒，外加兩個兒子，但第二任妻子也比他早走。羅傑此時已經六十來歲，也感到上了年紀。就像所有負責任的統治者一樣，羅傑最掛懷的是誰來接他的位子。

兩個婚生子顯然不行。第一個兒子夭折，第二個兒子患有痲瘋病。他有個私生子叫約爾丹，在跟他老爸的幾場戰事中證明他是位衝勁十足的指揮官，但卻在一〇九二年患上熱病去世。那一年羅傑第三度娶妻，新夫人阿德萊德[5]平安產下兩個兒子，大

4 作者注：羅傑最後一次出兵是在一〇九一年入侵馬爾他島。當他攻下了其首都之後，撕下他一部分的紅白格子旗幟，贈予馬爾他人。九百多年後，這仍是今天馬爾他國旗的基本圖案。

5 作者注：阿德萊德（Adelaide）是來自皮埃蒙特（Piedmont）的名門貴族之女，所以成為羅傑的娶妻對象，據稱來自她的生育能力。

兒子名為西蒙（Simon），小兒子則與其開心的父親同名為羅傑，如此羅傑就可以放心，因為後人將繼續傳承他的名字。六年之後，西西里名君羅傑溘然長逝。他在軍事上的勝利十分傳奇，但他在政治上的成就更是了得。他是位不可多得的領袖人物，不僅懂得如何在馬上打天下，更懂得在馬下治天下。他來到西西里島時才二十六歲，只是一位野心勃勃，想尋求財富的年輕騎士。四十四年後羅傑去世時，已成為地中海地區最偉大的政治家。羅傑在行政管理上的才能，使得他至今仍深受西西里人愛戴，親暱地稱他為「偉大的伯爵」。

羅傑為西西里島留下的最後禮物在他死後才彰顯出來，強勢的統治者在身後常會留下不確定性和混亂，但羅傑則把自己的一生貢獻給健全的政府體制，即使羅傑死後，政府仍會持續運作下去。最後，他的小兒子羅傑二世（Roger II）繼承父親的位子，其父死時他才五歲，雖然長期幼主統治通常會引發混亂，但在十二年間他沒有遇到反對勢力，接掌了一個太平安定的王國。沒有幾個統治者能留下比這個更好的遺產。

第十三章　國王羅傑

羅傑伯爵去世後，西西里政權立即表現出的穩定性讓人驚訝，部分原因是歐特維爾家族通常生養眾多，除了兒子之外，羅傑至少還有十二個女兒，這意味會可能有十二個女婿來爭搶繼承權。要從羅傑兩個兒子那裡奪取權力並不難，大兒子西蒙在父親去世時才八歲，雖然被眾人忠貞地擁立為西西里與卡拉布利亞伯爵，實權卻是握在母親阿德萊德手中。

在外人看來，這簡直形同大難臨頭。阿德萊德和她統治的百姓完全是兩個世界的人，她來自義大利北部，跟這些南方人天差地別，她拉丁語說得很差，只會一點法語，阿拉伯語和希臘語更是一竅不通。對她來說，諾曼貴族必然跟西西里人同樣陌生，總是沒完沒了的爭吵，只有更強勢的統治性格才能壓得住他們。任何人若想要讓貴族們聽命，必然像是徒勞無功的任務，更別說是個異國女子。

但不知為何，阿德萊德卻能做到這點。她不僅能撐起西西里政權的大局（這已經是很大的成就），還為兒子創造一段太平穩定的攝政時期。那些流傳下來的紀錄對她的所作所為多有掩飾，但阿德萊德值得被人銘記，在諾曼人統治的西西里島史上，她是一位幕後英雄。

在她掌權期間並非全無挑戰。年幼的西蒙四年後就死了，而阿德萊德施行她攝政期間內最重大的一個決定：把首都從墨西拿遷到貿易大城巴勒摩。她在巴勒摩將爵位授予十歲的羅傑二世，並在義大利、阿拉伯和倫巴底朝臣雜處的環境下撫養他長大。遷都帶來的改變可以從羅傑二世接下來的人生中看出端倪。為他打下天下的那些人，如羅傑一世、羅貝爾．吉斯卡爾、鐵臂威廉，他們都是徹頭徹尾的諾曼人。喪父的羅傑二世成長於地中海西部的最大城市，跟父祖輩們完全不同，他是一個西西里人。

當羅傑二世滿十六歲時，阿德萊德認為他已經成年。多虧了第一次十字軍東征的成就以及經由西西里島市場的龐大貿易流量，使得西西里島的經濟蓬勃發展。此時阿德萊德還抓著羅傑二世不放似乎沒有什麼意義，她已經將他培養成一位領袖，也該是她放下權力的時候了。但阿德萊德心中似乎還另有盤算。耶路撒冷王國國王鮑德溫（Baldwin I）不久前拋棄妻子，積極追求阿德萊德（或者更正確地說，是追求她帶來的財富與士兵）。那年春天鮑德溫曾派特使到巴勒摩，輕率地告訴西西里人，不管阿德萊德提出什麼要求他都答應。而就如預期，阿德萊德果然提出很難討價還價的條件。鮑德溫沒有子嗣，而阿德萊德永遠為兒子的利益著想，於是他們約定，當阿德萊德去世後，將由羅傑二世繼承耶路撒冷王國。然後在配得上她這樣身分地位女子的盛大排場中，她登上了前往黎凡特的航船，西西里島的新時代也自此展開了。

羅傑二世既富有，政權又穩如泰山，但就像他每個野心勃勃的先人一樣，希望把錢財化為軍事力量。而盤踞在一座海島上，最實際的莫過於建立一支海軍，而他也很幸運地尋得一位才華洋溢的官員為其效力。此君名為克里斯托杜勒斯（Christodulus），羅傑看出他的才能，於是創了一個新頭銜給他，來表現他是海軍最高統帥。羅傑將阿拉伯語的emir（埃米爾）一詞拉丁語化，創造歷史上第一個admiral（海軍統帥）的頭銜。

克里斯托杜勒斯沒讓羅傑失望，他打造出一支訓練精良的海軍，無疑是地中海西部最優秀的海軍。羅傑二世只需要找到一個可以讓海軍派上用場的藉口，而他幾乎馬上就撿到一個現成的。自從阿拉伯人控制西西里島以來，北非城市馬赫迪耶一直是西西里港口的主要貿易夥伴，而帶來的財富也使得它得以控制周圍大片海岸。這種雄霸一方的優勢為馬赫迪耶招來很多敵人，當其中一位敵人在巴勒摩獲得公爵接見時，馬赫迪耶的埃米爾就以襲擊羅傑位於卡拉布利亞的領地做為回應。即便以當時的標準來看，這次襲擊的殘酷程度也令人髮指。整座尼科泰拉鎮（Nicotera）從地圖上消失，婦女慘遭強姦，男人和兒童則遭屠殺，所有搬得動的值錢東西都搬到待命的船隻上。埃米爾最後還放火燒掉整個城鎮做為警告。

這已經不是一場單純的襲擊，而是為了打擊中世紀當權者的心。百姓對其領主的忠誠度，端視領主保護他們的能力大小程度而定。要是領主拖太久未針對此類襲擊做出相應的報復行動，將會嚴重危及他的權力。此外還有來自他手下貴族們的威脅，雖然沒有人會直接正面對抗羅傑，但卻會很樂得趁火打劫來滿足各自的私心。要是卡拉布利亞的百姓覺得不受到巴勒摩的保護，他們就會轉而投效鄰近的貴族。因此克里斯托杜勒斯奉命立即航往馬赫迪耶。

此時北非的情況看來前途有望。馬赫迪耶的老埃米爾死了，十四歲的兒子設法守住城市，但整個地區卻陷入混亂，因為地方小勢力紛紛互相算起舊帳，爭奪控制權。當克里斯托杜勒斯逼近時，沒有任何一艘撒拉森人戰船出面攔阻他們登陸。然而就在眼見可以輕鬆取得勝利之際，幸運女神卻遺棄了他們。一陣強烈風暴將船隻吹得偏離航道十里，迫使克里斯托杜勒斯等人只好在沿岸沙洲上避風。第二天早上，克里斯托杜勒斯離營偵查馬赫迪耶的防禦能力。就在他前腳走了之後，一支穆斯林部隊發現了他的營地，於是率兵劫掠。士氣大受打擊的諾曼人力圖挽救局面，因此攻占位於海岸的一座城堡，但這非但沒有震懾馬赫迪耶人，反而造成反效果。這些原本內鬥不已的北非人現在有了一個共同敵人，當年輕的埃米爾宣布發起聖戰時，眾人一呼百應。大部分的諾曼人勉強逃回船上，落在後頭的則一概遭到屠殺。此時克里斯托杜勒斯別無選擇，只能斷尾求生，掉頭回巴勒摩，但他的劫數卻還沒有了結。在回國的航海途中，他們又遭受一場風暴襲擊，結果返回西西里島的人還不及出發時的三分之一。

羅傑初顯身手就慘遭大敗，聲望的受損更是慘重，他不僅沒有御駕親征，這看在他父親那一輩的貴族眼中頗不以為然，而且他那支自吹自擂的海軍竟然還敗給一位十四歲的少年。要找個替死鬼的壓力隨之而來，克里斯托杜勒斯就是現成背黑鍋的人，但羅傑值得激賞的一點是，他拒絕這樣做。羅傑既沒有採取報復也沒有清理門戶，但他不會忘掉這段恥辱，他是個有耐性的人。時機到了，羅傑早晚會報仇。

與此同時，義大利半島上則有更好的機會，整個義大利南方陷入混亂，羅傑那位令人生畏的伯伯羅貝爾．吉斯卡爾曾以鐵腕統治，但其子羅傑．博爾薩則軟弱無能，管不住手下那群頑固的貴族們。羅傑．博爾薩去世後，接班的是更加無能的兒子威廉。到了一一二一年，卡拉布利亞完全陷入無法無天狀態，而長期缺錢的威廉僅能在自家城堡內發號施令。羅傑很懂得抓住機會，於是邀請他的堂姪威廉出席豪華筵席。在令人難忘的盛宴上有意無意展示自己的財富之後，羅傑以財務援助誘惑威廉，交換條件是成為威廉領地的繼承人。威廉熱切地同意了，於是羅傑就返回巴勒摩靜候結果。

與此同時羅傑二世又把注意力放到馬爾他島，他的父親曾侵略該島，並迫使島上的阿拉伯統治者們進貢，但羅傑卻對這個受穆斯林控制，離西西里島如此接近的島嶼感到芒刺在背。一一二七年，他指派一支經重整旗鼓的海軍去了結掉這個心頭大患。這回的指揮官是一位年輕的拜占庭人，名叫安條克的喬治（George of Antioch）。

喬治在青少年時期離開了小亞細亞，移居到北非，在馬赫迪耶的穆斯林統治者手下效力。後來他失去埃米爾兒子的寵幸，因此決定在諾曼人入侵前夕叛逃至西西里島。為了能成功逃脫，他等到阿拉伯人主麻日（Jumu'ah）時才行動。他喬裝成水手，設法溜上一艘貨船。抵達巴勒摩之後，他就前去王宮求職。喬治的大膽進取得到了回報。羅傑向來善於知人，馬上就看出這個人的用處，因為這人既精通北非的語言也很懂北非的政治形勢。隨後他被任命為克里斯托杜勒斯的副指揮官，在遠征馬赫迪耶之後的那些年裡，他的表現愈來愈讓他的上司相形失色。

遠征馬爾他島執行得毫無瑕疵，勝利手到擒來。穆斯林遭到驅逐，該島則加入羅傑日益擴張的版圖中。喬治回到巴勒摩時受到盛大歡迎，且更好的消息又接踵而至，在卡拉布利亞，羅傑的堂姪威廉驟逝，一如之前允諾的，羅傑就等著繼承威廉的領土。

但麻煩的是，威廉就像在他之前的許多軟弱統治者一樣，對很多人都做出同樣的承諾，其中包括教宗在內。這些人彼此爭吵不休，但都同意一點：不能讓羅傑繼承威廉的領地。如果整個義大利南部和西西里島都掌握在一個人手中，這會成為教宗的噩夢，而且義大利的諾曼貴族們早已習慣自由自在，根本不願意接受中央強權的管制。羅傑得要趁著敵人們還沒機會組織起來之前，趕快採取行動。

為圖先發制人，他派了喬治去攻占薩雷諾港口，而該城也早已預判情勢，因此緊閉城門。此後喬治在城牆外來來回回航行了十天，這沉默的海上遊行讓抵禦者感到不安，上一回薩雷諾抵禦過的諾曼人是兵臨城下的羅貝爾·吉斯卡爾，當羅貝爾破城而入時，可沒有半點心軟。薩雷諾人不想重蹈覆轍，於是盤算著最好趁意志堅定的歐特維爾家族的人，還有心情提條件時跟他們達成協議。最終薩雷諾人選擇投降。

上述主角如果換成羅貝爾，他大概會處決幾位膽敢帶頭堅守的薩雷諾人，但當涉及戰爭時，羅傑顯得更像一位拜占庭人而不太像諾曼人，他最喜歡的是外交上的勝利，因為外交勝利不傷軍隊的一兵一卒，也不會破壞當地的政府機構。羅傑在該城安插好一小支駐軍後，就匆匆往內陸挺進，意圖攻占貝內文托。當他抵達時，卻很驚喜地發現他的主要對手教宗也在貝內文托，且只帶著一小群隨從。羅傑留下一支圍城部隊困住教宗，就率軍悠然地在義大利南部繞了一圈，掃蕩掉所有的阻力。就如同薩雷諾一樣，這場戰事絕大部分時間都沒有人流血。那些反叛的貴族們四分五裂，無法團結，且不會愚蠢到單獨跟羅傑為敵。有些貴族只是做做樣子反抗，但最終仍免不了斷尾求生，向羅傑宣誓效忠，接受羅傑成為他們的領主。

此時就只剩下教宗還在抵抗，儘管他的獨立性讓他無法輕易讓步，但因為人困在貝內文托，也製造不了什麼麻煩。羅傑向來不樂於離開巴勒摩過久，對眼前的成果感到心滿意足後，他就返回首都了。

但現在慶祝勝利卻還言之過早，羅傑的軍隊才剛離去，貴族們竟撕毀之前發過的誓言，而設法逃出貝內文托的教宗，也發現很容易聯合這些貴族組成一支龐大的反西西里聯軍。這些義大利南部貴族才剛向羅傑宣誓效忠，兩個月後就又單膝下跪發誓，不將羅傑的勢力趕出半島絕不罷休。

儘管眼前有明明白白的危險，羅傑卻以深思熟慮的冷靜處理此事。他花時間召集軍隊，並經由最支持羅傑的義大利腳跟地區前往平亂。不像他的對手，羅傑的財富讓他占了很大的優勢，他負擔得起大軍幾乎無限期駐守在戰場。但他最強的武器卻是時間，知道要是他耐心足夠，別硬是挑起戰鬥，那麼炙熱的太陽和封建徵兵[1]的煩躁不安性情就會幫他打贏這場戰爭。

同時，教宗也發現他根本管不住這些盟友，導致他們造反的獨立自主性，也正是讓他們無法團結的原因，而且他們還不斷威脅要退出聯軍。一天天毫無行動地過去，就會讓教宗的大軍又瓦解了一點。

日復一日地拖過一天又一天，羅傑就是不肯偏離這個戰略，即便當兩軍正面迎上時（當教宗的前鋒遇到正在渡河的諾曼部隊），羅傑就只是撤至較高的地勢上等候著。整個七月雙方就是在夏日驕陽下彼此乾瞪眼。徵集來的士兵因為成天無所事事，

1 作者注：封建制度下的騎士每年只需服役若干時日。強勢的領主則可能留他們久一點，但即使國王也不得無限期扣留他們。

脾氣焦躁，牢騷滿腹，貴族們也開始為下一步該做什麼而爭吵起來。到了八月，由於軍隊規模縮小，教宗也開始重新盤算。這個聯盟太不穩定了，而且難以維繫。總之，羅傑的陣營看來既有紀律又有秩序，讓人很洩氣，強大得無法粉碎。也許擁抱諾曼人方為上策。強勢的統治者就是潛在的威脅，自鐵臂威廉的時代以來，歷任教宗都盡量避免在義大利南部出現此情況，但義大利需要和平，相形之下，強人統治者帶來的危險總比眼前的亂局要來得好。更何況，這些頑固的貴族們實在太難搞，就讓他們成為羅傑的難題好了。

最終，教宗撤軍並派了一位信差前去諾曼軍營，說他很願意正式承認羅傑申索的在義大利南部的統治權。沒了教宗的發起，造反的貴族們紛紛散去，兵員也就地解散。羅傑連一場仗都沒打就大敗了敵軍。

教宗試圖挽回些面子，堅持羅傑接收他堂姪領土的慶典儀式，不得在教宗國的範圍內舉行。於是在一一二八年八月二十二日的晚上，教宗和羅傑二世在貝內文托城外的一座橋上會面，有兩萬名群眾在場觀禮，人人手執火炬，教宗冊封羅傑二世為阿普里亞、卡拉布利亞與西西里公爵。

一如教宗所懷疑的，在場的貴族們對這位新領主並不怎麼放在眼裡。沒有人懷疑羅傑的聰明才智（不久前的戰事已經足夠證實這一點），但他表現出不太願意打仗的態度，卻不符合諾曼人的好戰精神。坐等敵軍瓦解多少顯得缺乏膽量；要在戰場上取勝才能贏得諾曼人的尊重。

在本性上，這些人士很厭惡中央集權，眼下他們會向羅傑的軍隊低頭，但只要羅傑一離開他們就會起而造反，連令人畏懼的羅貝爾・吉斯卡爾也從不曾真正改變這個局面。似乎就為了證實這一點，就在羅傑接受新頭銜之際，另一場叛變就已然開始。

羅傑花了一年時間才以最不流血的方式一個個收拾那些小貴族，花工夫確保該領地的平穩之後，才繼續前進。等到最後一名貴族也投降之後，他卻讓眾人都吃了一驚，因為他寬宏大量地提出要赦免眾人，並召開大會，請義大利南部和西西里島的所有貴族以及神職人員與會。他認真思考如何解決諾曼領地上的結構不穩定性許久，如何打破過去一百年來逐漸形成，你爭我奪的部落社會，並想出一個結合宣傳和法律的巧妙組合，來將東拼西湊的領地整合為單一的整體邦國。

大會全體，包括神職人員和貴族在內，全都見識了金碧輝煌的公爵財富，然後讓他們對羅傑及其兩個兒子立下新誓言。所有舊的承諾都要重複一次（尊重公爵及其財產），然後再加上一個新的誓言。這些貴族都曾誤把羅傑的外交手腕和寬恕當成軟弱，現在卻發現在這天鵝絨底下其實是塊硬鐵。每個人都被迫發誓不得介入私人戰爭，不准讓他們領地境內有任何無法無天的行為，並交出所有匪徒讓公爵的司法來制裁。為了確保做到最後這部分（羅傑知道這樣做比信任他們的信譽要好得多），他還把權柄交給了法庭，任何貴族若不遵守，就會被當成普通罪犯遭到緝捕。諾曼人自從來到義大利後所形成的傳統生活方式「封地權」，到此戛然而止。從此貴族就跟他們所統治的農民一樣，也受到法治約束。這是自諾曼人來到義大利南部以來最重大的改變。

無疑地，多數人都希望這不過是暫時現象，等到羅傑回西西里島之後就會成為過去，但羅傑卻是死命的認真，終其一生的統治，每次在公開場合都要人重複那些誓言並更新，免得他手下有人遺忘。

羅傑現在三十二歲了，成就超過羅貝爾以來的任何諾曼人，他聯合所有在義大利的諾曼人對抗死板的教宗以及在地的反抗勢力，而且比羅貝爾更加緊強化對地方的控制。但是就像每位歐特維爾家族的優秀統治者一樣，他也有更大的夢想。實際上，他已經擁有了一個王國，但現在他還想要一頂王冠。

照說本來是沒機會的，因為當時的教宗是不會同意這檔事，但羅傑運氣好，第二年教宗就去世了。期待中的繼任者是很得人緣的猶太裔樞機主教，人稱阿納克萊圖斯二世（Anacletus II），但在他的支持者還來不及組織好，一群對立的樞機主教就匆匆選出一位改革派教宗，人稱英諾森二世（Innocent II）。占選舉樞機團多數的樞機主教們大為憤怒，仍舊推選阿納克萊圖斯二世擔任教宗。後來幾個月裡，羅馬出現了兩個敵對陣營，各自宣稱對方是不合法的教宗。

阿納克萊圖斯二世出身富有的家族，其家族經常捐獻公眾娛樂事業，因此遠比英諾森二世受歡迎，在經過幾場雙方之間的街道械鬥後，讓英諾森認清了這個事實。他逃離羅馬，跑到法國，很高興地發現如今情勢已有反轉，由於席捲西歐的改革運動，讓這位流亡教宗發現自己成了鬧得滿城風雨的事件主角。除了在義大利，沒有一個人願意回到從前那腐敗的壞日子，教宗職位成為羅馬貴族的玩物，而出身名門的阿納克萊圖斯似乎就應驗了這一點。在基督教世界裡最受尊敬的聖伯納德[2]，他表態站在英諾森這邊。聖伯納德表面看來不過是法國一所小修道院的院長，但卻憑著個人品行的

2 作者注：在聖伯納德（Saint Bernard）出色的生涯中，十二世紀初幾乎每項重大事件的中心人物都是他，第二次十字軍東征差不多就是他一手發起的。他是熙篤會（Cistercians）德高望重的創立者，並負責籌建歐洲各地一百五十多所修道院。

力量，主宰了全歐洲將近二十年。他表態支持英諾森這一方的結果，使得法蘭西、英格蘭國王，以及神聖羅馬帝國皇帝也都迅速表態支持。

幾個月前還凱旋遊行過羅馬街頭的阿納克萊圖斯二世，現在突然發現整個基督教世界似乎聯合起來反對他。在驚恐之餘，他轉而投向唯一沒有清楚表達支持哪一方的勢力——西西里。

我們同樣可以猜測到，羅傑二世唯一的條件就是要阿納克萊圖斯二世給他一頂王冠。阿普里亞、卡拉布利亞和西西里仍然是各自為政的地方，羅傑需要擁有天授的王權來將它們綁在一起。教宗沒有爭論的餘地，他們雙方也都知道這一點。經過一番做做樣子的考慮之後，阿納克萊圖斯二世毫無保留地同意了。

然而，羅傑卻很小心翼翼地上演加冕典禮，以便擺明他的王冠可不是因為一位教宗一時興起而得來的，這個國王的頭銜也許是教宗冊封的，但其他的教宗卻是拿不走的。他召集了重要的貴族、修道院院長以及主教們來召開大會，正式向他們提出自己受封為國王的主張。他宣稱西西里島過往就是個古代王國的所在，因此並非因教宗授予而創造新王國，而是恢復舊王國。與會的貴族一致歡呼喝采表示同意，大會至此打斷。羅傑現在可以聲稱是人民勸進他成為國王，不會有僭位侵占之嫌。一如以往，他透過官方宣傳徹底表明了這個重點。一幅馬賽克鑲嵌畫顯示出他是從基督本人接過王冠，而不是從教宗手中。

加冕典禮於一一三〇年聖誕節在巴勒摩舉行，任何有點身分地位的人都想擠進城來親眼見證。貴族競相展示豪華財富以期勝過別的貴族，當地人則懸起絲綢並從陽台和高處的窗戶拋下花朵。據一位目擊者形容，彷彿就像是整座城市接受加冕。羅傑很自然成為全場的焦點，他穿著一襲紅、金兩色華服，主持一場盛大的饗宴。僕役穿的絲綢比很多在場觀禮的貴族都要華美，餐食皆用金銀餐具承裝。

宴會結束之後，羅傑遊行到巴勒摩的主教座堂，站在主祭壇前，舉行一場幾乎是基督教歷史上最獨一無二的禮拜。巴勒摩的天主教大主教主禮，希臘東正教的教士出席，教宗的代表手持聖油。羅傑二世跪下，接受抹聖油，然後由他的首席封臣為他加冕。儀式結束後羅傑站起身來，然後大開教堂的門扉，讓巴勒摩的百姓們進來。

西西里島曾經見證不少最偉大的地中海帝國，迦太基、羅馬、拜占庭還有阿拉伯帝國，都先後輪流統治過這座島嶼。但在這些過程中，西西里島只不過是個被征服的省分，因其盛產的穀糧而受到覬覦，永遠轉手於更強大的鄰國間，只因為看中它能提供遠方首都資源，才顯現它的重要性。但如今，西西里島在其漫長的歷史中第一次有了自己的國王（儘管跟羅傑先前所聲稱的相反）。一一三〇年的聖誕節，巴勒摩的城民第一次見到這位耀眼的國王。

然而，不管羅傑多漂亮地得來這頂王冠，但隨之而來的卻是可怕的代價。羅傑為了取得王冠，支持了一位反對派教宗，藐視基督教世界的其他成員。當然，當時人們還不清楚兩位對立的教宗，阿納克萊圖斯和英諾森，哪一位最終會勝出。但隨著時間流逝，愈來愈多君王投向了英諾森二世的陣營。

這大半要歸功聖伯納德孜孜不倦的影響力，他說服了搖擺不定的法王和英王亨利一世，以及義大利以外的大部分民眾支持英諾森二世。有一位重要的拒不表態者是神聖羅馬帝國皇帝洛泰爾三世（Lothair III），雙方陣營都竭力拉攏他。對這位日耳曼人來說，阿納克萊圖斯二世最大的優勢是他控制了羅馬，洛泰爾只能在這座永恆之城接受加冕成為皇帝，在完成這過程之前，他也沒法完全鞏固他的皇座。由於輿論明顯倒向英諾森，因此他就盡可能拖延搖擺不定，直到聖伯納德親自來拜訪他，才改變了他的心意。儘管可憐的洛泰爾想要抗拒，但悠悠眾口很快就讓他允諾率軍南下羅馬，趕走阿納克萊圖斯，推翻羅傑，擁立英諾森。

當洛泰爾終於在一一三三年春天抵達義大利時，卻發現情勢出乎意外對他有利。

羅傑的加冕在義大利南部深深不受歡迎，半島上的諾曼大貴族們看不出有什麼理由要受這個人的箝制，因為歐特維爾家族也才不過來了一個世代而已。在期待洛泰爾的到來之際，他們聚集了一支叛軍，攻打幾座王室城堡。羅傑在一次罕有的失算中，親自出馬對付叛軍。他表現出個人了不起的勇氣，在敵軍中殺出一條血路，但他手下的軍隊卻被打跨了。這場敗仗甚至動搖他最親密的支持者，維諾薩，那是歐特維爾家族勢力的堡壘，家族中四位最著名的成員都安葬於此，但維諾薩此時也加入了叛軍。從阿普里亞到卡拉布利亞的王室駐軍都遭到屠殺，人們群聚於神聖羅馬帝國旗下。長久以來所恐懼的帝國與島國的衝突來臨了。

羅傑顯然是兩者中較弱的一方，但他仍保持冷靜。叛變的規模和速度也讓洛泰爾大出意外，他還沒做好準備去充分利用這機會。等到叛軍首領跟他會面，他們很失望地發現洛泰爾的軍隊規模被過分誇大了，他其實只帶了大約兩千人來，根本不足以攻占羅馬或將羅傑趕下王座。

洛泰爾本期望自己一現身就已足夠動搖阿納克萊圖斯二世，但他的立場反而更堅定了。受到諾曼人支持的教宗及其擁護者控制了台伯河右岸，包括聖天使堡壘以及聖彼得教堂，並且拒絕讓步。神聖羅馬帝國皇帝只好把英諾森二世安頓在比較老舊的拉特蘭宮裡，英諾森在此很盡職地為皇帝加冕，一面卻受到台伯河對岸阿納克萊圖斯擁護者的嘲弄。

新加冕的皇帝讓他的義大利盟友們大失所望。典禮舉行過後幾天，以為皇帝會留下對羅傑發動攻勢的希望全部落了空。洛泰爾已經得到進軍義大利的目的，因此託辭國內有急事要處理。他允諾會再率大軍回來，但這與其說是認真的承諾，還不如說是為了敷衍聖伯納德。接著洛泰爾就快速率領大軍越過阿爾卑斯山撤退。

皇帝這一走使得叛亂陷於困境。羅傑已經重新組軍，而且可沒心情向他們施恩。英諾森二世竭盡全力設法協助那些小貴族們，他勒令將加入羅傑陣營的士兵逐出教會，但眼下這位精明的西西里人卻從島上的穆斯林中募兵，這些人才不理會教宗呢！阿普里亞每座主要的叛亂城鎮全被燒毀，首領遭處決。羅傑以往慣常在獲勝時表現出寬宏大量，但現在卻只用鐵腕來對付。兩位帶頭造反的領主遭到圍捕並公開羞辱，第一名被吊死時，由第二名去握住吊繩，然後下個就輪到他。羅傑心滿意足地回到西西里島。雖然這一年是在戰亂中開始，但最終在勝利中結束。他支持的教宗人選仍然穩坐在羅馬，他的王國處於太平，他也成功反抗了神聖羅馬帝國皇帝。

遺憾的是，結果證明這只是曇花一現的喘息，他才回到巴勒摩幾星期，一場熱病席捲全城，王后因病去世，羅傑悲慟神傷。他把自己關在王宮裡，拒見任何人，這一來傳出謠言說他死了，於是再次喚起了義大利南部所有的叛亂幻想。然而更可怕的消息從北方傳來。

洛泰爾非常滿意他的義大利冒險，在技術上來說，他算是實踐了誓言，把英諾森二世安頓在羅馬，而且取得自己想要的加冕。然而，對洛泰爾來說不幸的是，聖伯納德很不滿於他這種不用心的表現。這位修道院院長得出個合理的結論，只要羅傑一天擔任西西里國王，就永遠無法將阿納克萊圖斯二世趕出羅馬。於是他要求洛泰爾回頭，再度率軍前來義大利，將事情做好做滿。

聖伯納德不是唯一顧忌羅傑二世的人。在過去一千年大部分的時間中，義大利南部至少有部分處在拜占庭帝國的掌控，但如今西西里人卻開始襲擊拜占庭境內富饒的達爾馬提亞海岸。會不會再過不了多久羅傑就會起了跟他伯伯羅貝爾一樣的念頭，開始侵略拜占庭的家園呢？拜占庭皇帝約翰二世（John II）可不想坐等發現這一天到來。他去函給洛泰爾，希望能聯手攻打西西里王國。

拜占庭大使在前往日耳曼的途中，又在威尼斯找到第二名盟友。威尼斯這個貿易帝國一直因為巴勒摩的成長而備受損傷，因此威尼斯總督願意提供他海軍的全面支援。

對於洛泰爾而言，自他加冕以來日耳曼的情勢也大為改善。這頂帝冠唬住了他的潛在對手，因此現在他得以把所有可觀的資源都投入到對義大利發動的戰事中。他花了一年組織軍隊，等到雪融之後他越過阿爾卑斯山，一路下山挺進到義大利北部。這次日耳曼軍隊沒有遇到阻礙，義大利北部城市幾乎沒怎麼抵抗就淪陷了，於是那些諾曼貴族們又再度起來造反。教宗英諾森二世，連同他的教廷，在皇帝接受義大利城市臣服之際也加入了洛泰爾。順利的話，他們在冬季來臨之前應該會掃蕩完義大利大陸部分，翌年春天再入侵西西里島。

儘管王國面臨嚴重威脅，羅傑卻沒有恐慌。他有兩大優勢：酷暑，以及洛泰爾軍隊的封建基礎。這位神聖羅馬帝國皇帝並非真正的封建君王，他可以指揮由封臣提供的幾個月兵役，但卻不能永遠留住他們。戰事拖得愈久，他們就愈煩躁不安，因此羅傑很小心避免任何一場戰役。每回洛泰爾進攻，他就撤退。與此同時，他不斷分別倡議與對手們會面，去破壞教宗與皇帝的關係。

到了夏末，他的努力開始有了成效。高溫逼人，瘧疾已經奪走陣營十分之一的人命，洛泰爾的封臣們也公開要求解除他們的兵役。實際上，他們唯一意見相同時就是對教宗及其教廷不斷的抱怨感到厭惡，而大家卻為了教宗他們的緣故被拖到遠離家園幾百里外的地方來。情況發展到很惡劣的地步，甚至有人意圖要取教宗性命，後來還是靠洛泰爾的介入才化解掉。[3]最終皇帝經過一番努力才促成一場決戰，包圍了羅傑在義大利半島上的首府薩雷諾，但這位西西里國王卻仍處變不驚地巍然不動。

懊惱的皇帝叫他的義大利盟友們好自為之，然後就翻過阿爾卑斯山回去了。整場戰事只是耗時費事，徒勞無功，沒有一勞永逸的成果，羅馬還是有兩位教宗在爭吵，羅傑還是一貫的高枕無憂，而沒有了帝國軍隊，義大利的叛軍就別指望能抵抗諾曼人。洛泰爾回到日耳曼兩個月後突然駕崩，那時羅傑二世早已收復了大部分的失土。

幾個月後，羅傑支持的教宗阿納克萊圖斯二世也跟著皇帝進了墳墓。這時英諾森二世就在眾人默認下成了合法的教宗，羅傑也盡力去跟他的宿敵談和。當他敉平了最後的叛亂之後，他很小心地不踏經教宗的領土。他也正式承認英諾森是合法的教宗，並去函要求所有支持者也這樣做。

然而對英諾森而言，這些措施都為時已晚。當初要是沒有羅傑來攪局，他多年前早就成為公認的教宗，教會也不用經歷這種分裂的痛苦和尷尬。羅傑（第二次）被正

3 作者注：這位凶手受到西西里黃金重賞的鼓勵。

式逐出教會，而且由於沒有合宜的皇帝可以借兵，英諾森就自己籌組軍隊去攻打諾曼王國。

教宗的軍隊向來都不是諾曼人的對手，這次也不例外。一一三九年七月二十二日，英諾森的軍隊在橫渡加里利亞諾河（Garigliano）時遭羅傑率軍伏擊。到了天黑時，教宗、手下的樞機主教們、所有的軍餉全都落到了羅傑手中。就像他前任的利奧九世被羅貝爾俘虜了一樣，英諾森也以堅忍承受自己的敗仗。諾曼人以極度的尊榮來對待他，幾乎足以掩飾他是個俘囚的事實，但他心裡很清楚得要做什麼，不抱絲毫幻想。三天後，他正式承認羅傑是西西里國王，阿普里亞公爵，卡普阿親王，並逐項確認阿納克萊圖斯二世九年前所同意的條款。他雖然無能為力，但還是給了羅傑一點小顏色看。在為此場合而舉行的慶典中，羅傑身穿厚重的典禮袍服，夏日驕陽炙熱無情，教宗卻講了一篇其長無比的佈道。

對羅傑來說回西西里島是一大樂事。羅傑終於平定了義大利南部，在他後來的統治歲月中，再也沒有發生大規模反抗，而他也把這地區交託給了能幹的兒子羅傑三世（Roger III）。羅傑花了十年時間對抗兩位皇帝和一位教宗的激烈反對才贏得了他的王國，現在他打算要確保這個王國的永續。第一步是要制定憲法；統一的法律才會創造出強大、中央集權的國家。日耳曼人的入侵讓他看到了封建制度的局限，所以他才以獨裁的拜占庭模式做為西西里王國的範本。在一連串的法律條文中，他創造出君權神授的理念，一個絕不讓威權面具滑落的全能主權國家。用以加強此信念的是從拜占庭直接抄襲過來的全新統一鑄幣，錢幣的一面鑄有身穿王袍的羅傑二世，反面則鑄有全能的基督[4]。舊有的諾曼錢幣鑄的是聖彼得像，表示對教宗的忠誠，但是這位西西里國王卻自有跟上天更直接的聯繫。

隨著內部的改革，也興起一波建築和科學上的活動。諾曼王朝的西西里兩大至寶帕拉提納禮拜堂（Palatine Chapel）與馬托拉納教堂（Martorana Church），是用王室基金興建的，融合了各具獨特風格的拜占庭、阿拉伯和諾曼文化。一個以繁忙港市巴勒摩為根據地的委員會受指派進行地理研究，在十幾年內，委員會派人詢問每艘進出西西里島的船隻，調查船上人員的見聞。這些收集來的地理資料後來記錄在兩個地方：一處是由純銀打造，刻有世界已知大陸和國家的地球儀，一處是一本名為《羅傑

4 作者注：全能的基督（Christ Pantocrator）是把基督描繪為全能審判主的圖像，十世紀期間拜占庭教堂的圓頂經常繪有此圖。

之書》（*The Book of Roger*）的大部頭著作。

這番努力結果驚人地準確。斯堪地那維亞半島被形容為冬天只有幾小時日光，而同為諾曼人治下的英格蘭王國則被描述為寒冷又潮濕。甚至早在哥倫布之前的三百五十年前左右就已經很正確地描述出地球是圓的。巴勒摩成了小文藝復興（mini-Renaissance）中心地，是除了西班牙或君士坦丁堡以外學者們可接觸到希臘、阿拉伯以及西方學術的地方。

在這期間，羅傑二世也設法安撫了最敢對他大肆批評的聖伯納德，讓他保持中立。話說洛泰爾在回日耳曼之前，曾清楚表態他對教宗的看法，因此得罪了熱心維護教宗尊嚴的聖伯納德。另一方面，羅傑則是教會慷慨的捐獻者，他投入熙篤修會的捐款終於把聖伯納德給拉到了自己的陣營。

然而，諾曼西西里王國的另外兩大敵人，拜占庭和神聖羅馬帝國，卻沒有忘掉他們所受的羞辱，他們之所以到目前為止放過羅傑，是因為有各自問題要忙而分身不暇。兩個帝國的皇座都面臨突然空缺，就在洛泰爾駕崩六年之後，他的拜占庭夥伴約翰二世也在一場怪誕的狩獵事故中駕崩。日耳曼的霍亨斯陶芬家族（Hohenstaufen）的康拉德三世（Conrad III），以及君士坦丁堡的曼努埃爾一世（Manuel I），同意聯手作戰，但就在他們要動員軍隊時，其中一個十字軍王國淪陷落到土耳其人手中，於是又爆發新一輪的十字軍東征。當日耳曼人行軍經過拜占庭國境時，由於分辨不出希臘人和土耳其人便出兵攻打，使得兩個帝國關係嚴重陷入緊張，幾乎到了要開戰的邊緣。

不管怎樣，經過這一切，康拉德和曼努埃爾卻設法建立起很真誠溫馨的友誼，在十字軍東征時，康拉德受了傷，曼努埃爾親自看護他到復元為止，兩人並重提當初的承諾，要聯手攻打羅傑。兩年後，雙方皇室親上加親，曼努埃爾迎娶了康拉德的女兒貝莎（Bertha）。

這宗聯姻是對羅傑的警告，他的敵人已下定決心了。這也是拜占庭公然要給羅傑好看，因為多年來羅傑一直在設法把女兒嫁給曼努埃爾，雖然坦白說，他的行為表現對聯姻意圖並沒有幫助。在十字軍東征期間，他趁曼努埃爾分身不暇，派了海軍統帥安條克的喬治去洗劫雅典、底比斯以及科林斯，這是拜占庭治下希臘境內最富裕的三座城市。

被惹火的曼努埃爾組了一支為數三萬多人的大軍，準備要給羅傑一點教訓，但就在這場等待已久的戰事即將開啟之際，一群蠻族湧向班都斯山脈（Pindus），進入希臘北部，於是皇帝被迫要轉移大軍去對付這場威脅。曼努埃爾是位很有能力的將領[5]，但等到他把蠻族趕走之後，已經進入無法作戰的冬季。

到了春天他再度嘗試，但又延誤了，這回是來自西西里島的黃金資助了巴爾幹半島上[6]的一場暴動，威脅到了帝國的西境。曼努埃爾派艦隊去處理這個問題，艦隊離開後，羅傑就很厚臉皮地派他的海軍統帥航行到君士坦丁堡海岸的水域去，對著皇宮御花園射了一些羽箭。

這類拖延伎倆就只能延續這麼長的時間。到了一一五二年，康拉德和曼努埃爾都各自處理掉他們的障礙，準備好進軍了。兩位皇帝訂好計畫要在義大利北部會師，然後繼續向南挺進，威尼斯艦隊會在那裡待命，載他們渡過海峽登陸西西里島。這時機很完美，跟羅傑同名的兒子不久前死了，到此時羅傑已送走他六個孩子中的五個，沉重打擊似乎突然間讓羅傑老弱不堪。

眼前看來沒什麼能挽救諾曼王國免於即將來臨的風暴，但這回卻又靠運氣逃過一劫。一一五二年春天，就在康拉德開始行軍時，突然病死。康拉德的死讓神聖羅馬帝國陷入奪權風暴而自顧不暇，於是攻打羅傑之事也就悄悄擱下了。另方面曼努埃爾近在眼前的敵人實在太多，無法冒險獨自行動，更何況他已經體認到威尼斯所帶來的威脅遠比巴勒摩的嚴重得多。如今他甚至在考慮要對這個海上共和國發動首次攻擊，而此舉則將無情地導致了第四次十字軍東征的悲劇。[7]

雖然這齣悲劇是幾年後才發生的事，但情況看來彷彿有個時代已然結束了。康拉德只不過是第一位退出舞台的大人物，緊接著第二年聖伯納德也跟著離世，然後是安條克的喬治，這位出色的海軍統帥曾為諾曼人打下北非的江山。喪失最得力的謀臣似乎耗盡了羅傑最後僅存的精力，他退隱到巴勒摩富麗堂皇的宮殿裡，這座王宮有奇異的動物園、御花園和王宮，兩年後他悄然離世。

這位國王的遺體長眠在巴勒摩主教座堂裡的素樸斑岩墳內，恰如其分地穿著華麗王袍，頭戴拜占庭皇帝所戴的珍珠垂飾帝冠，胸前放了他的寶劍，劍上刻有一句拉丁文：「阿普里亞、卡拉布利亞、西西里以及北非皆聽命於吾。」

---

5 作者注：根據史學家吉朋（Gibbon）所述，曼努埃爾似乎「打仗時不知太平為何，太平時則似乎無能打仗」。

6 作者注：在今天的塞爾維亞，當時是中世紀匈牙利王國的一部分。

7 作者注：一支由威尼斯率領的十字軍於一二〇四年劫掠了君士坦丁堡，摧毀了基督教世界最宏偉的城市。

羅傑二世生前是位出色的統治者，西西里王國日後再也見不到像他這樣的人。如果說他的行為有時很離譜（他的不忠是出了名的），但他卻從未推卸逃避過君王身分的責任。他融混了北方人的活力以及南方人的高雅，是諾曼王國全盛時期的產物和靈感。在他之後，王國會逐漸衰弱而解體，但羅傑仍保有先祖所具有，令人生畏的野心，這種野心讓諾曼人分別在歐洲的南北兩端建立了兩個王國。誠如一位廷臣所記載的，羅傑「在睡覺時所完成的功業比其他人在醒時完成的還要多」。

要把一個充滿不同文化和宗教、又小又部落林立的地方打造成一個統一的王國，曾經看來是不可能完成的功業。相較之下，義大利半島上其他地方在其後七個世紀裡卻依然固執地停留在分裂和爭執的狀態中，羅傑的領土則宛如充滿希望的指路明燈，讓人看到有什麼是可能的。西西里王國也出人意表的持久，它曾屢次遭受打擊並被糟蹋，不停地在歐洲君主之間轉手，但王國卻始終保持完整，直到十九世紀近代義大利統一為止。

這位偉大的國王原本可能會葬在西西里島切法盧主教座堂裡，但卻是馬托拉納教堂最讓人勾起對羅傑二世的懷念。這座用大理石和黃金裝飾得富麗堂皇的教堂，糅合了藝術和建築之美，是羅傑二世送給心愛島嶼的禮物，即使在八個世紀後的今天仍令人驚艷屏息。

西西里過去的三大文明都融混在這座數一數二的教堂裡，這是對創造諾曼西西里王國的這個男人最合適的禮讚。教堂興建的形狀是傳統的希臘十字形，內部金光閃閃，遍布一幅環狀的拜占庭華麗鑲嵌畫，描述基督生平事蹟。希臘聖像畫以及諾曼拱柱的下方，有北非法蒂瑪王朝的藝匠雕刻的兩扇巨大木門，並在主圓頂的基部用阿拉伯文刻了一首禮讚聖母的詩歌。最令人印象深刻的是在中殿一面不起眼的內牆上所發現的鑲嵌畫；這位打扮成阿拉伯人模樣並將他的教堂裝飾成拜占庭與穆斯林風格的基督徒國王，讓自己也入了畫。

這是唯一倖存下來最神似羅傑的肖像，由當時見過他的人所製作，而此肖像也完全捕捉了諾曼西西里的精神。這位「受洗過的蘇丹」[8]身穿加冕服以及從拜占庭皇帝那裡剽竊來的打扮，微微傾身向前從基督手裡接下他的王冠。在他頭頂上方用希臘字母簡單拼寫出拉丁句子 Rogerios Rex，即國王羅傑。

「國王羅傑」是他成年後大部分人生中拚命要得到的頭銜，至少有過兩位教宗很

8 作者注：羅傑因未參加十字軍，且像穆斯林一樣擁有後宮嬪妃，使得他得到此綽號。

不情願放手給他這頭銜，而他則費盡艱辛才從他們手中奪來王冠。然而整個十二世紀卻沒有人比他更配擁有此銜了。羅傑尋覓到一個因宗教、文化分歧而撕裂的島嶼，將它焊接成為歐洲最繁榮又運作得最有效率的王國。他的作為提供了一個寶貴的指引，讓人知道如何去治理一個現代國家，把看來四分五裂無法協調的各方，統一成強大又能運轉的整體。在動盪不安的中世紀時期，他的統治是罕見的太平綠洲。在他之後，西西里王國也就開始無可避免地走向日落西山之途。

第十四章　壞人威廉

上帝的右手賜給我勇氣；上帝的右手讓我奮起。

——切拉米戰役之後，銘刻在羅傑一世的寶劍上以及他孫子威廉簽署的「貝內文托條約」上之語

一一五四年，羅傑二世的王位由他的幼子威廉一世（William I）繼任，從外表上一切看來，這都是個最好的選擇。二十三歲的威廉體格魁梧健美，完全是他維京祖先的再版，輕易就能壓倒他那些體型矮小的地中海臣民。他一臉黑色濃密大鬍子，以力大無窮而馳名，據說能赤手空拳拉直馬蹄鐵。然而威廉在體能上或許能超越其父，但

在政治技巧上卻沒有得到父親的真傳。這大部分要怪羅傑自己，要繼承一位偉人的事業本來就不是簡單事，但羅傑卻懶得去栽培他的繼承人。他特別注意繼承人的重要性，但卻未時常挑出兒子的缺點。

威廉是羅傑二世第一次婚姻所生的四個兒子中的老么，向來就被認為不大可能也不配當上國王，因此羅傑幾乎不重視他，也沒有授予他重要的行政或軍事官職來栽培他成為領袖。威廉是在自由自在的環境中成長的，享受宮廷的奢華生活而不用承擔責任。然而在這十年裡，他的世界就有了天翻地覆的轉變；他的哥哥們都意外身亡，在三十歲之際，他突然被推上王位，事前毫無準備。

不出所料，比起學習治國之術，威廉更關心的是享受好日子。他興建一座比一座奢華的王宮之際，卻把王國的日常事務交給別人去處理，大多數的情況下，他甚至懶得任命新的大臣，而是乾脆就讓父親所挑選的人繼續任職。他在總體政策上做出的唯一例外，是提拔一位名為馬約（Maio）的年輕大臣擔任海軍最高統帥。

這是個很明智的選擇。馬約是位法官之子，來自義大利南部城鎮巴里，接受過金錢所能買到的最佳古典教育。在這個充滿大都會氣氛的巴勒摩，他不只是盡職而已，更展現出了鐵面無私，一點也不在乎是否受歡迎或是否婉轉。沒有他的鐵腕，對打獵興趣更大於治國的威廉根本待不了王位幾個月。

自羅傑在世的最後那幾年以來，國際舞台已經變得更加險惡。拜占庭和神聖羅馬帝國都在傑出人物統治之下，在神聖羅馬帝國是腓特烈一世．巴巴羅薩，而在君士坦丁堡則是圓滑的曼努埃爾。幸好對威廉來說，他們彼此的不信任使得他們始終互相猜忌。腓特烈在加冕典禮上宣布他會讓西羅馬帝國恢復昔日的輝煌，這意味要把西西里島和義大利南部都收到他的控制之下，但由於不久前這兩片土地都屬於拜占庭帝國，因此腓特烈一世就把曼努埃爾皇帝當成了大敵。他懷著這個念頭跟教宗簽下了條約，約好他日瓜分諾曼王國時，要把拜占庭排除在外。與此同時，他又跟曼努埃爾魚雁往返，以聯手征伐諾曼王國為餌，但卻總是找藉口拖延。直到腓特烈的軍隊已經離開日耳曼，未通知曼努埃爾而獨自攻打義大利，曼努埃爾這才發現自己上當了。

腓特烈原本預料會在義大利北部遇到麻煩，因為那裡的反神聖羅馬帝國皇帝情緒向來都很強烈，但當他越過阿爾卑斯山之後，卻發現整個義大利半島都陷入宗教騷動中。

話說唯一坐上教宗寶座的英格蘭教宗阿德里安四世（Adrian IV），是一連串外國改革派教宗中的最後一位。他此前有過重整斯堪地那維亞教會的歷練，也期待好好清理一番羅馬教會。然而他進到羅馬時，卻宛如遭到當頭棒喝。羅馬議院多年來勢力不斷擴大，有很大一部分削弱了教宗的權力，而此刻更有一場大眾熱烈響應的運動，志在恢復過往羅馬共和國時代的傳統，奪去教會的世俗權力，讓羅馬重回古代的輝煌盛世。

領導這場運動的僧侶，名為布雷西亞的阿諾德（Arnold of Brescia），他鞭策群眾的情緒如此徹底，以致阿德里安形同梵諦岡山的囚徒。做為回應，阿德里安史無前例地將整座城市逐出教會，這基本上是向羅馬城宣戰；遊客、教堂禮拜儀式、洗禮、婚禮，或在祝聖過的土地上舉行葬禮，直到禁令解除前，一概不准。一位新登基的外國人教宗在當時這種情緒下嘗試這樣做，確實是大膽之舉，但這招卻奏效了。阿諾德一直持續反抗到了復活節期間的星期三，但人們實在不敢想像一個沒有聖餐禮的復活節（更別提少了原本利潤豐厚的旅遊業），這破壞了眾人對他的支持。到了星期四早上，阿諾德被自己的支持者趕走，而阿德里安四世則凱旋地主持了復活節的彌撒。

這場勝利讓羅馬太平了一陣子，但卻無助於解決北部其餘地方的問題。與此同時，腓特烈並沒有心情去應付共和國理想主義分子，當義大利北部城鎮托爾托納（Tortona）以共和主義名義抵禦皇帝時，腓特烈將這城鎮毀得片瓦不留，全數鎮民皆驅逐出境。接下來腓特烈依然懷著惡劣的情緒，將箭頭轉向了羅馬。

阿德里安陷入了左右為難的處境，他很強烈地察覺到自己對羅馬的掌握力是多麼薄弱，因為羅馬百姓依然夢想著自治，而且他又不信任太過強大的腓特烈。阿德里安才剛打贏共和主義分子，他可不想成為這位神聖羅馬帝國皇帝的馬前卒。他在羅馬城外紮營並等候著。

兩人的會面並不順利，皇帝企圖入主羅馬，教宗則很固執地要維護自己的尊嚴。腓特烈先從禮儀上開始吵起，他說自己不是馬夫，拒絕按照習俗徒步引導教宗的坐騎，但阿德里安卻表明不照做就不得進入羅馬。腓特烈憤而退席，但等到他明白教宗絕不會讓步時，只好找人重新安排會面，很不情願地執行了致敬儀式。

經過這場不愉快的會面，兩人還是達成了一項協議：無論在任何情況下，雙方都不得跟西西里的威廉、拜占庭的曼努埃爾或者羅馬城的共和主義者講和。做為回報，阿德里安同意將腓特烈的敵人逐出教會，而皇帝則會執行教宗的權威。

阿德里安出於非常好的理由選擇在羅馬城外會面，就在這兩人莊嚴地騎馬往城門前去時，遇到共和主義者派來的使者們，使者通知兩人，除非腓特烈先送一份五千磅重的黃金當見面禮，並保證共和主義者擁有他們先祖的「權利」，才准他們進城。隨後信使又發表了冗長的演講，談著羅馬的光榮過往。腓特烈不等信使說完，就一句話打斷了他們：「羅馬的榮光已落在它的身後。我來不是要送禮的，而是要來聲明羅馬是我的。」

說完後，兩人就昂然進城，腓特烈接受了加冕。然而，加冕典禮經證實對羅馬城民來說實在太強人所難了，在一座陶醉於獨立自主思想的城市中舉行皇帝加冕典禮，引發了民怨沸騰，就在腓特烈離開主教座堂時，一群暴民襲擊了遊行隊伍。皇帝措手不及，街頭戰鬥的怒火延燒到了天黑之後。到第二天早上，秩序是恢復了，可是兩邊傷亡都很慘重。日耳曼的貴族們對義大利倒盡胃口，表明希望回老家去，至於腓特烈身為貴族們的封建君王，並無法抗拒他們。阿德里安請求腓特烈繼續執行當初擬定的攻打西西里島計畫，可是不到一個月，日耳曼人就走光了。

此時教宗自曝於險境之中，他為了腓特烈削弱自己在羅馬的地位，但卻沒有收到任何實質回報。不過，幸好還有另一位皇帝可派上用場，曼努埃爾本就在準備自行入侵義大利，他去函教宗，提了個特別的條件，說是要成為「教會的揮劍之臂」。對於阿德里安來說，誰打垮諾曼王國都無所謂；要是日耳曼人不肯協助，那麼遙遠的拜占庭人也是可接受的替代選擇。他回信給曼努埃爾，對他攻打西西里島一事送上滿滿的祝福。

拜占庭君主的外交手段向來很高明，他的密探也在義大利找到了現成的盟友。義大利半島上的諾曼貴族們向來不曾真正甘心俯首聽命巴勒摩的統治。距離羅傑二世統治他們以來，已過了十幾年，而繼任者相對溫和的手段在他們眼中則被視為軟弱。拜占庭人用黃金鼓動他們造反，沒多久就爆發了一場叛亂，並很快蔓延到整個義大利南部。

諾曼叛亂分子加上拜占庭人，共同對西西里王國構成比日耳曼人還可怕的威脅。貴族們提供了在地知識和一支軍隊，曼努埃爾則提供一支補給艦隊，以及無限的資金去招募新部隊。

為了減輕入侵西西里所遭遇的困難，叛亂分子轉而先拿義大利半島上仍對威廉保持忠誠的城市開刀。第一個目標是巴里，這是義大利半島上最重要的諾曼據點，而曼努埃爾更是特別急著要收復此地。因為不到一百年之前，此地仍受拜占庭帝國管轄，且大多數人口都是希臘人。忠於西西里國王的部隊準備抵抗，但當聯軍兵臨城下時，居民卻大開城門，所有忠於巴勒摩的人都遭到屠殺。

巴里的陷落對諾曼王國是個大打擊，動搖了那些未加入叛軍的義大利城市。且更糟的是，威廉病得很嚴重，在得不到巴勒摩的回應之下，半島上的軍民士氣大挫。國王的海軍統帥馬約後來終於派了一支軍隊去援助受困的城市，但率軍的將軍卻一連好幾個月不願跟叛軍交戰，等到終於交戰了，結果卻是一敗塗地。國王的軍隊全軍覆沒，幾座沿海城市則向叛軍陣營投誠。到了初冬時，阿普里亞幾乎全面淪陷。

到了這時，威廉的統治看來已到了崩垮邊緣，才短短六個月，曼努埃爾似乎已經恢復在諾曼人還未來到義大利之前，過往拜占庭在此的勢力，而且眼看還不會就此收手。拜占庭軍隊已經蓄勢待發準備進入卡拉布利亞，要是此地淪陷的話，拜占庭的軍隊跟西西里島就僅有一水之隔的距離。

由於國王病倒了，因此諾曼人的差勁表現就全歸咎到那位權臣馬約身上。幾回行刺他的陰謀在島上展開，但馬約廣布的密探網阻止了這些行刺陰謀。等到顯然無法暗地裡除掉這位人見人恨的權臣之後，島上就爆發了一場政變，要求處決馬約。

威廉本來是個不多置喙的統治者，但這場對他造成直接威脅的行動，終於喚醒他採取作為。威廉召集了王室軍隊，以驚人速度來到叛軍陣營，馬約則顯眼地伴在其身旁。他們發了最後通牒給叛軍首領們，要不就投降並受流放之刑，要不就被殺掉。有幾個人還力圖辯稱他們是為了國王好，但馬約顯然仍獲威廉寵幸，因此攻擊他就等於攻擊國王。面對如此堅決的上意，這場叛變也就瓦解了，而叛變首領們則接受了流放。

如今威廉從昏睡中被喚醒，熱血沸騰了起來，到了春天打仗時節，他率海、陸兩軍渡海到義大利半島，這時機再好不過。拜占庭大將米海爾・帕里奧洛格斯（Michael Palaeologus）剛剛去世，他是擬定整個帝國戰略的主腦，他的去世讓拜占庭的腳步停了下來。這時，看到諾曼西西里王國全副武裝逼近他們的陣營，那些叛亂分子就拋棄了他們的帝國盟友。拜占庭人全無機會，不到一個小時就幾近全軍陣亡。拜占庭在這場戰爭中得到的戰果是虛幻的，靠的是建立在反諾曼人的情緒，而非靠真正的實力。自此拜占庭被永久逐出了義大利。

威廉所向無敵地進軍巴里，決心要懲罰這座屠殺駐軍的城市。帶頭的城民在城門外跟他會面，求他開恩。威廉饒了大部分人的性命，但卻將城市夷為平地，只對聖尼古拉主教座堂以及其他幾座教堂手下留情。

反叛的貴族們則沒有這麼幸運，這時他們意識到拋棄拜占庭盟友的錯誤，因為每個人都得單獨面對威廉的怒火。他們一個接一個被俘虜，綁上重物扔到海裡。到了夏天戰事都結束了。這位國王在回到巴勒摩前的最後幾天駐足貝內文托，在那和教宗簽了約，教宗承認西西里王國的主權存在，並確認威廉在義大利所申索的所有權利。

這是場非常出色的戰事，更帶來額外好處，說服了拜占庭皇帝曼努埃爾來談和。皇帝已經得出結論，腓特烈才是更迫在眉睫的威脅，所以他得挑唆教宗去對付神聖羅馬帝國皇帝才行。如果教宗阿德里安跟威廉達成協議的話，那麼拜占庭人也會跟著這樣做。曼努埃爾展開了和談，與此同時又很精明地在義大利資助一場新的叛亂，以便順利推動協議。威廉了解他的意思，唯有大方地跟拜占庭達成協議才能避免永無休止的叛亂。威廉釋放了所有拜占庭戰俘，並簽訂為期三十年的和平條約。

威廉回到巴勒摩之後，他又沉迷在宮廷生活的享樂中。政務全都交給了馬約，馬約則把時間都花在強化西西里在義大利的地位，以防腓特烈捲土重來的可能。

就在國王昏庸度日，得力權臣集中心力於義大利半島時，王國其餘部分卻開始分崩離析。一一五五年，北非興起一場穆斯林叛亂，當地寡不敵眾的諾曼人無法鎮壓，緊急向巴勒摩求援卻遭無視。到了一一五九年，除了貿易城市馬赫迪耶之外，整個的黎波里地區都陷落了。威廉派了一支小艦隊前去協防該城，但卻遭暴風雨摧毀，接著威廉就不再費心進一步處理這檔事了。

馬赫迪耶的諾曼守軍英勇堅守了一年多，徒然坐等期待中的援軍，最後他們約定好一件事；他們會派一個代表團到巴勒摩求援，要是代表團空手而回，他們就會主動投降。一小群人出發上路，但當他們來到首都時，卻聽到馬約毫不諱言地告訴他們，馬赫迪耶不值得耗費資源守衛。錯愕的使者們踏上歸途，馬赫迪耶向穆斯林投降，諾曼王國自此失去它的北非領土。

馬約對局勢的評估或許是正確的；他在義大利所付出的努力必定正取得成效。有西西里王國做為後盾，義大利北部城市組成一個大型的倫巴底聯盟，成功地拖緩一場神聖羅馬帝國的入侵。腓特烈經過數年要讓義大利畏懼臣服的嘗試始終徒勞無功，就連擁有鋼鐵般意志的腓特烈也被迫承認義大利是他難以染指的。

儘管馬約的對外政策很成功，但他在西西里王國卻始終不受愛戴。對於西西里的在地人來說，他代表了最糟糕、最典型的獨裁者：權力過大、傲慢、不回應公眾情緒，坐視北非淪陷，眼看跟他信奉同一宗教的人受苦。更糟的是，對當地貴族而言，他們擔心馬約習慣提拔希臘人或阿拉伯人擔任掌權之職，讓這些人爬到貴族諾曼人的頭上。至於那些被馬約任命的，都是些有資格、有能力的人，而西西里的諾曼人淨是些徒有虛銜、能力不足又粗野無文的人，這些事實也都無關緊要。馬約也是從巴里來的異鄉人，他是西西里的一切病根。

一一六〇年秋天，馬約收到密報，他未來的女婿涉及最近的密謀，打算殺掉他。

馬約聰明一世卻糊塗一時，認為關係這麼親近的人不可能牽涉在內，結果一星期後他就在巴勒摩的街上遇害。這個消息轟動全城，而刺客馬修．波內魯斯（Matthew Bonnellus）則立刻成了名人。因為害怕國王威廉怪罪他殺了寵臣，波內魯斯潛逃，一場嚴重的騷亂也隨即爆發。

眼看半座巴勒摩都起了火，這才驚動享樂中的威廉。威廉幾經波折才終於鎮壓住了暴民，他也才首次意識到馬約受人怨恨的程度。面對這一波不安的民心，威廉被迫赦免每個涉及謀殺馬約的疑犯，甚至要為波內魯斯的野蠻行為，難堪地褒揚他為「王國的救主」。

成為受眾人愛戴的人物，讓波內魯斯被自大衝昏了頭，他不滿足於取代馬約的職位，如今更密謀除掉威廉。但就在波內魯斯離開巴勒摩，以避開弒君之嫌時，一群心懷不滿的貴族進到王宮捉捕了威廉。情急之下的國王意圖跳窗以躲開來劫持他的人，但卻被制止，於是全體王室成員都被逮捕。要是當下貴族就擁立一位新國王，威廉的統治就會到此結束，但這些密謀者卻拿不定主意，不知該殺掉威廉好，還是乾脆要他退位，讓位給他九歲的兒子羅傑。就在貴族爭論著應該由誰繼承王位時，他們手下的追隨者已經開始有組織地搜刮起王宮的財寶。

隨著貴族們的爭吵，城裡的群情也開始反對他們。威廉的統治雖帶來災難，但不該直接怪罪到他身上，而應該怪威廉周圍那些藉他名義行事的人。除掉一位可恨的權臣是一回事，但是惡意對待一位接受教宗膏油加冕的國王又是另一回事。掠奪王宮以及逮捕王室成員就足以告訴巴勒摩城民誰才是真正的惡人。於是王宮遭受民眾激烈攻擊，嚇壞的貴族則跑到被俘的威廉那裡，求他救命。

威廉順應了貴族的請求，也獲准他們離去，但這場災難打垮了威廉；在戰亂中他的長子暨繼承人遇害，當威廉的第一批衛士來到他身邊時，發現他蜷在角落裡哭泣。

此後他平安度過剩餘的統治期，在最後那十年裡，他只離開過首都巴勒摩一次，那回義大利全境舉行了凱旋遊行，慶祝他扶持的教宗人選在羅馬即位。[1]威廉大多數時間都花在追求享樂上，尤其是興建一座豪華的新王宮建築群，有多個魚塘、噴泉、水池，以及一應俱全的圍場。一一六六年他染上熱病，病了兩個月後就駕崩了。

歷史對威廉不很客氣，為他書寫編年史的史家看不起他，威廉之所以後來有

1 作者注：然而安插一位諾曼派的教宗得罪了神聖羅馬帝國皇帝腓特烈，造成日後嚴重的後果。可參見本書第十五章。

「壞」這個稱號也是出自這位史家。這令人不快的稱號主要源自威廉淫奢的生活方式，如果說威廉的父親是「受洗過的蘇丹」，還帶有些許挖苦，威廉則是根本懶得理會受洗這件事。

然而在一一六六年威廉去世時，他卻獲得人們真心的哀悼，巴勒摩懸掛了三天黑旗，國王遺體被恭送到主教座堂，安置在一具簡樸的斑岩石棺裡。他倖存年歲最大的兒子是個十三歲的少年，也命名為威廉，接受了加冕。整個西西里島似乎又太平了。

威廉一世生前並非是個偉大的國王，也算不上是個好國王；多場叛亂、喪失北非國土，以及身為國王卻常常卸責，這一切也理所當然讓他蒙上汙名。但要他承繼傳奇父親的衣缽，的確也是不可能的任務，況且根本無人指點或栽培他。在這樣的情況下，他為了捍衛諾曼西西里王國而跟一位意志堅決的教宗，以及兩位偉大的皇帝為敵，卻是很出色的壯舉。上述是對事情始末的匆匆一瞥。

第十五章　更糟糕的威廉

威廉一世雖說得了個「壞」名，但起碼他有為王國留下一位繼承人。過了一段時日，義大利南部諾曼人的活力也愈來愈差了；威廉二世（William II）的父親和祖父起碼一共生了三十二個兒女，而威廉卻只生了四個，但至少後繼有人是毋庸置疑的。年少的威廉才剛靦腆地度過十三歲的生日，就在一場盛大典禮中加冕為王，理論上是接受了要照顧將近兩百萬子民的重任。根據各方說法，他是個很引人矚目的少年；身材高大、黑眼睛，已經流露出他北歐祖先的金髮及身高遺傳，看來有著遠超過他年紀的活力和穩重。根據好些親眼看過他的人說，他的子民在巴勒摩的街上一見他就鍾情。

然而，直到他成年之前，人們並不會感受到由他來統治的歡愉。在此期間，王國成立了一個攝政委員會，由其母親瑪格麗特（Margaret）和國內三位要人來主導。要挑選出比這群人更不適任的人選，恐怕還真是件難事。這三位顧問分別是太監彼得、公證官馬修和英國大主教理查．帕爾默（Richard Palmer），這三人把大部分時間都花在試圖暗殺彼此上。瑪格麗特很快就意識到得在他們除掉自己之前先除掉他們，於是就把威脅性最小的彼得擢升到另兩人之上。頃刻之間，瑪格麗特太后就把這個最富裕又最有影響力的基督教國家，交到了一個穆斯林太監的手中。

彼得是個密謀者，是個懂得官僚系統複雜性的公務員，他樂得位居幕後，但若把他推到政治中心位置，他很快就失控了。才幾個月，西西里王國便陷入混亂，因為擔心遭到暗殺，彼得便逃往北非。為了恢復秩序，瑪格麗特從法國請來他的親戚，佩謝的史蒂芬（Stephen du Perche），此君說不上有智慧，但起碼態度堅定。

這個選擇立刻引起了爭議，瑪格麗特把最好的政府職位賞給了外國人，已經夠糟糕了，且自從彼得潛逃之後，大臣一職被空缺出來，薪水則由貴族們瓜分。任命史蒂芬對他們來說是地位和收入的雙重損失，因此他們對瑪格麗特格外怨恨。

然而，就在雙方緊張對峙達到沸點時，又有新災難消息傳來，使得一切都變得無關緊要。可怕的神聖羅馬帝國皇帝腓特烈已經越過阿爾卑斯山，下山進入義大利。西西里王國的存亡受到了威脅。

自西西里王國建國以來，神聖羅馬帝國就宛如芒刺在背。歷代諾曼諸王向教宗和義大利北部城市提供了協助和保護，讓他們一次又一次違抗皇帝。於是皇帝派了一批又一批的軍隊來綏定義大利，但卻總是前腳一走，後腳又跟著爆發叛亂，背後有西西里人的黃金和教宗的祝福來撐腰。在腓特烈眼中，解決問題顯然需要雙管齊下：在羅馬安置一位聽話的教宗，並摧毀西西里王國。

巴勒摩有許多人把這壞消息歸咎給已故的威廉一世。腓特烈將在春天之後發起攻擊，且明確表示他來是為了阻止威廉一世多管閒事，並要一勞永逸地摧毀諾曼王國。至於在此同時威廉一世已病故，且他的繼承人不過是個少年，已無關緊要。

真正惹得這位神聖羅馬帝國皇帝採取行動的主因，是威廉一世在七年前一場史上最荒唐的教宗選舉中所扮演的角色，這大大加深了亞琛和巴勒摩之間的鴻溝。當教宗職位出現空缺時，腓特烈表明他支持一位聽話順從的樞機主教屋大維（Octavian）出任教宗。然而，神職人員投票團卻厭倦了皇帝的干預，並對諾曼人的支持有信心，於是以不記名投票選出了名為亞歷山大（Alexander）的男人。本來事情就該這樣定了，但屋大維卻一心認定自己本來就該當上教宗，不肯讓一場選舉就此擋了他的路。

到了加冕那天，經由票選產生的教宗亞歷山大低下頭正要接受教袍加身時，屋大維一躍向前，從大吃一驚的樞機主教手中奪走教袍。在隨之而起的騷動中，這位鬧事的屋大維丟失了手中的教袍，卻馬上又拿出一件事先準備好，一模一樣的教袍，並設法在倒退中穿上教袍，接著在神職人員追著他大喊大叫中搶著坐上了教宗寶座。

屋大維剛好趕在眾人抓到他之前坐上了寶座，得以宣稱自己為教宗維克托四世（Victor IV），再加上一些受雇的流氓及時趕到，這位新出爐的教宗命所有人都要向他歡呼。他的對手，諾曼人支持的教宗亞歷山大則被送到附近的堡壘囚禁，而屋大維則開始坐享其任期。

儘管有神聖羅馬帝國大使們在私底下重金賄賂，但屋大維的驚人行徑傳遍羅馬之後，聲譽仍一落千丈，在公共場合露面就招來噓聲。且更糟的是，民眾群聚在府邸門外嘲弄他。經過兩星期的精神虐待後，他再也忍受不了，於是就溜出了羅馬。

腓特烈沒能在羅馬扶立他支持的教宗，這已經夠丟臉懊惱了，但這位教宗遭驅逐後卻讓情況變得更加惡劣。屋大維遭拒絕進入羅馬城，跑到盧卡（Lucca）周圍的山區落腳。這位曾自行宣告為基督教世界精神領袖的人在那搖身一變成了土匪，攔堵經由托斯卡尼（Tuscany）朝聖的旅人。

西西里只要稍微拿捏得好一點，還是有可能免去跟丟人現眼的神聖羅馬帝國打一仗，但威廉一世卻決定派一支儀隊護送諾曼人支持的亞歷山大回到羅馬，這等於公然宣示腓特烈在義大利無力執行其意志的事實。接著威廉一世一如他慣常的善於掌握時機，就在這時駕崩了，留下他的繼任者去應付得罪腓特烈的後果。

一支由諾曼人和義大利人組成的聯軍，試圖拖延日耳曼人的進攻，但此舉只是更加激怒了皇帝。在殲滅這支孱弱的聯軍之後，腓特烈夷平了幾座城鎮，驅使其居民逃往周圍的鄉間。難民堵塞了通往羅馬的道路，大家都希望羅馬這座城市的聲名所具有的神奇力量，能阻擋得住這些侵略者。然而，羅馬的命運已經注定了。一一六七年七月二十九日，皇帝大軍攻破羅馬，大肆發洩壓抑已久的情緒。雕像被拉倒，鑲嵌的大理石板被劈砍，墳墓也被砸破，以便取得陪葬珠寶。就連聖彼得教堂大殿也無法倖免，成群士兵強行破門而入，屠殺那些徒然緊附著主祭壇嚇壞了的神職人員。

就在破城的隔天，血腥味和屍體還沒清除掉之前，腓特烈就讓另一名聽話的對立教宗加冕，並嚴厲保證所有反抗他的人都會遭逢同樣命運。他的話在巴勒摩化為恐慌，城市形同放棄抵抗，因為貴族們都開始帶著細軟紛紛逃命。西西里王國看來在劫難逃，既陷入了亂局，又由一個不得民心的女人和一名沒有政治經驗的外國人來治理，甚至連用來抵禦日耳曼人的真正軍隊組織都沒有，此時只有上帝才拯救得了諾曼人了。

幸虧對西西里來說，上帝總是特別開恩。腓特烈的教宗加冕後兩天，瘟疫就襲擊了皇帝軍隊，造成嚴重損傷。羅馬的沼澤氣候加上季節反常的炎熱使得疫情加劇，甚至當腓特烈下令撤離羅馬時，瘟疫卻仍跟著他。等腓特烈來到阿爾卑斯山時，他的大軍已全軍覆沒了。此時，人們不再害怕這位皇帝，而是起勁地嘲弄他。義大利北部地區甚至懶得等他離開就正式宣布獨立。而且這樣做好像還不夠似的，義大利人更封鎖通往山區的山口，最終這位受盡羞辱的皇帝是藉由喬裝成僕役才設法溜過邊境，回到日耳曼。

在西西里王國，奇蹟般獲得解救的消息傳來，使得瑪格麗特和史蒂芬的民望大增，雖然史蒂芬帶來的法蘭西護衛隊仍持續招來民怨，但史蒂芬則證明自己是位勝任的行政官員。不過，他的改革大多是拿貴族為犧牲代價，深受後者痛恨，因此引來無數次的暗殺陰謀。瑪格麗特完全支持史蒂芬，目前情況很明顯，只要史帝芬還在的一天，貴族們就無法分享權力。此後兩年時間一切都還算相當順利，史蒂芬一方面巧妙避開暗殺，一方面設法應付逐漸高漲的民怨。

如果瑪格麗特仍保持現況的話，一切都不會有問題，但她卻任命史蒂芬擔任巴勒摩大主教，這激起了人民的敵意。一群暴民襲擊了王宮，迫使史帝芬及其法國隨從逃到主教座堂裡，並設下障礙藏身於內。為了避免流血事件，史蒂芬同意離開西西里島並永世不再回來。他和隨從都獲准徒步到港口登上航往聖地的船隻。

寵臣被迫下台也結束了瑪格麗特的政治生涯，雖然還要再過三年威廉才成年，但人稱「那個西班牙女人」卻已經無力再繼續下去了。她仍然安坐攝政之位，但實權卻下放到她兒子的師傅手中，一位野心勃勃、不擇手段的英國人，名叫米爾的沃爾特（Walter of the Mill），他被提拔到大主教的位子，在未來十年實際上幾乎壟斷了內政。

一一七一年，威廉滿十八歲，名義上正式接掌西西里王國。儘管他在深宮成長，與世隔絕，但卻已有雄心壯志。西西里王國曾經是地中海的主導力量，威廉立志要讓它回到當年的盛世。起碼對他的臣民來說，他似乎特別適合擔當此任。威廉高大挺拔，有著一張圓臉和深色眼珠，以及修剪得很整齊的落腮鬍，他很好學，能流利說的語言至少有五種，有很深的宗教信仰。他也得天獨厚地幸運。史蒂芬下台時造成的動盪，結果成為他在位期間最後一場嚴重騷亂。西西里王國此後就進入引人注目的太平繁榮時期。

西西里王國的貿易激增，絲綢的生產祕密被偷偷帶出了君士坦丁堡，更為西西里島原有的鐵、鹽和硫磺產業增添了多元性。西西里人從沿海海域採收珊瑚，西西里島鮪魚出口到整個地中海地區，西西里島農夫生產的小麥、橙、檸檬、甜瓜以及杏仁，提供歐洲和北非所需；就連西西里島的森林也扮演了它們的角色，如西西里島的木材就以其品質聞名，而起碼有一位教宗就曾指定要用西西里島的木材來修繕拉特蘭宮的屋頂。

威廉一世在位時的動亂干擾了這些產業，但卻無礙於西西里王國的奢華或實力，等到年輕的威廉二世成年時，外國的提親接踵而來。第一樁是來自拜占庭皇帝曼努埃爾，願意把他十五歲的女兒瑪利亞許配給威廉。這格外耐人尋味，因為曼努埃爾沒有子嗣，意味威廉二世所生的兒孫既有機會繼承西西里王國，也有機會繼承拜占庭帝國。腓特烈不甘落後，也為他女兒提親，而英國的亨利二世則跟著湊熱鬧，要把第三個女兒，獅心王理查（Richard the Lionheart）的妹妹喬安娜（Joanna）許配給威廉。

有英國人沃爾特從旁輔佐，威廉自然偏向選擇喬安娜，這是理所當然的，畢竟這兩個分別地處歐洲兩端的諾曼王國應該正式聯合。兩者已經有了文化和家族上的淵源；雙方王國都各自成為對方國內流亡者自然而然的目的地，而大部分在巴勒摩的貴族也都有親戚在倫敦。

然而，就在威廉正要接受這門親事之際，坎特伯雷（Canterbury）大主教托馬斯．貝克特（Thomas Becket）卻遭亨利二世手下四名騎士殺害，在隨之而來的風頭火勢中，這樁親事也就很識相地被擱了下來。拜占庭皇帝埃曼努爾再度為女兒提親，這回被接受了。然而，到了公主預定抵達的那天，海平線上卻未出現拜占庭的船艦，顯然曼努埃爾認定神聖羅馬帝國才門當戶對，而且還懶得通知西西里這樁婚事變掛了。當威廉一行人浩浩蕩蕩來到港口，等了一整天之後，只好返回王宮。威廉徹頭徹尾，且相當公開的喪盡顏面。他永遠忘不了這番羞辱。

威廉有好幾年時間都不再提起這件事，婚事就此擱置，直到沃爾特再度建議威廉應該從英格蘭找對象。令人意想不到的是，威廉從教宗那獲得大力協助，因為教宗深恐威廉會跟腓特烈家族聯姻，因此就撮合位處羅馬一南一北的這兩大勢力聯姻。逝去的歲月已足夠讓貝克特之死所引起的公憤怒火熄滅，死因裁決也悄悄地做完了。亨利及其妻阿基坦的埃莉諾（Eleanor of Aquitaine）接受了這樁婚事，因此在一一七七年，二十三歲的威廉二世就和十二歲的喬安娜在巴勒摩成婚了。

從政治上來看，這樁婚姻標誌出威廉二世統治的高峰時期，他正年輕力壯，甚至開始掙脫起沃爾特的控制來。三年前，他開始在蒙瑞阿雷興建一座壯麗的主教座堂，表面上是為榮耀他的祖父羅傑二世，實際上卻是要削弱沃爾特的權力。教堂落成後，他任命了一位大主教，馬上就給那位權力很大的廷臣創造一位可跟他分庭抗禮的對手。沃爾特憤怒抗議，但也無計可施。

這是個非凡時期，威廉深得民心，難以置信地富有，而且年輕，國際形勢似乎也為了讓他得利而自我調整。在義大利，年邁的腓特烈終於放棄要徹底征伐義大利的一切希望，決定嘗試外交途徑。他向西西里提出了永久休兵，雖然此時神聖羅馬帝國皇室要跟威廉聯姻已經太遲，但腓特烈卻另有提議。腓特烈的兒子兼繼承人亨利至今未婚；要是威廉能幫忙找個合適的新娘，這兩個國家就能永保和平。

威廉熱切地同意了。他祖父羅傑二世有個遺腹女名叫康斯坦絲（Constance），比威廉小一歲。由於威廉自己還沒有子嗣，他的姑姑康斯坦絲就成了西西里王位的繼承人。這點他聲明得十分徹底，要境內所有貴族都宣誓，如果他死時無後，他們就得接受康斯坦絲成為他的繼承人。接著威廉就將康斯坦絲送到神聖羅馬帝國的皇子那裡去了。

對於指定康斯坦絲擔任繼承人一事，甚至連某些對威廉很是崇拜的民眾也認為這是很瘋狂、不理智的行為。儘管威廉還有大把時間可以生育後代（他才三十歲，而妻子也才十八歲），但把繼承王位的合法性交予西西里王國的大敵，實屬可怕的風險。萬一威廉與其妻子早逝（中世紀世界又充滿了不確定性），西西里王國就會落入過去二十五年以來一直積極要摧毀它的統治者手裡。

但對於威廉來說，這是值得冒的風險，因為這一來就能讓他放手專心實現征服海外的夢想。他從小聽著祖父的得勝事蹟長大，對他的父親放棄非洲領地之舉大感震驚，而如今他立志要恢復西西里的海外王國。

威廉第一次嘗試出兵就落得慘敗。北非已在強大的穆瓦希德王朝[1]治下統一，輕而易舉就擊退了諾曼人的入侵。接下來，他派了三萬名部隊去侵略亞歷山大港，希望能遏止穆斯林新興強人薩拉丁（Saladin）的勢力，因為薩拉丁正威脅著耶路撒冷。諾曼人幾乎還沒下船登陸，薩拉丁的軍隊就出現了，輕易就擊潰了毫無組織的西西里人。儘管大多數諾曼人總算安全逃抵船上，但卻不得不一事無成地撤退。縱然經此大

1 譯者注：穆瓦希德王朝（Almohads），或稱阿爾摩哈德王朝（Almohades），北非柏柏人建立的伊斯蘭王國。

敗，威廉仍極其堅決地要向海外擴張，何況此時東地中海地區風起雲湧，情勢大好，且是出現在最出人意表的地方——君士坦丁堡。

一一八〇年，整個地中海地區局勢巨變，曼努埃爾當皇帝三十六年之後駕崩，留下了十一歲的兒子阿歷克塞二世（Alexius II），以及一位不得民心的攝政。這個政府撐了兩年，一一八二年，曼努埃爾的堂弟安德洛尼卡（Andronicus）發起了一場叛亂。

安德洛尼卡是個怪異人物，擁有家族具有的一切才華卻不受其限制。一一八二年，他已經六十幾歲了，但看來卻比實際上年輕二十歲，他在戰場和床鋪上的事績同樣傳奇。等到他率軍向君士坦丁堡挺進時，就已經勾引過三位女性親屬，也被放逐過兩次，並獲得了有點古怪的名號：有革新精神的將軍。他對民眾有著磁吸般的影響力，不管走到哪裡，都受到熱烈歡迎。派去對付他的軍隊都會變節而投靠他，當他來到君士坦丁堡城牆下時，欣喜若狂的群眾護送他進了黃金門[2]。

但是這喜悅並未持久。一個月內他就殺害了皇室所有成員，少年皇帝阿歷克塞被迫簽署其母的死亡令，然後自己跟著也被勒死。安德洛尼卡接著就迎娶十二歲的寡婦[3]，然後有系統地除掉每個對前朝統治表示同情的人。

在西西里，威廉看到可以一報當年受君士坦丁堡屈辱之仇的機會。他仔細料理好內政事務，跟北非穆瓦希德王朝簽署了條約，以確保不會受到他們的威脅，而神聖羅馬帝國皇帝則因康斯坦絲的聯姻而宣告中立。威廉找到一位西西里的希臘人，並指稱他就是遭到謀殺的阿歷克塞，信誓旦旦地說要協助這位年輕人奪回皇位。威廉於是調動該國空前未有、規模最龐大的兵力，在一一八五年春天，兩百五十艘船載著八萬名人駛離了巴勒摩。

當年六月，他們抵達達爾馬提亞海岸的港市都拉斯，十三天之後，該城落入他們手中。此時他們可以取道埃格納提亞大道，這是古羅馬人修築的大道，橫越巴爾幹半島，先通往帖撒羅尼迦然後直抵君士坦丁堡。

諾曼軍隊能趁守軍不備而攻下都拉斯，要歸功於出發前很有效地封鎖了消息，但帖撒羅尼迦卻保證是個艱巨得多的阻礙，它是拜占庭帝國第二大城，而且該城的軍事統帥已經聽到風聲，有一個多月時間來準備防禦。

但是諾曼人很走運，除了關閉城門，這位統帥根本沒能完成其他基本的防禦計

2 譯者注：黃金門（Golden Gate），君士坦丁堡狄奧多西城牆南端的重要城門。

3 譯者注：阿歷克塞二世的妻子阿格尼絲（Agnes）。

畫，因此幾天之內他的弓箭手就用盡了箭，投石器也都用完了石彈。更糟的是，他還懶得去檢查用水供應，結果後來發現有幾個半滿的蓄水池嚴重漏水。他非但沒有試圖解決情況，反而還想趁機圖利，把自己的私人供水以高額價格賣給別人。士氣持續低落，沒多久，就有一位絕望的守城士兵打開了一道城門。

這是場可怕的覆滅。諾曼人在大清早進城，到了中午，已經死了五千多名城民。第一天結束時，將軍總算設法控制住了局面，但帖撒羅尼迦已經毀了。不管怎樣，諾曼軍隊還是得繼續前進，此時糧食和水都很稀少，即便在狀況好時，也沒有哪座城市能負擔得了突然湧進的八萬人。西西里人留下一小批駐軍之後，就趕快繼續朝君士坦丁堡挺進。要是運氣好的話，他們就可以在皇宮吃聖誕大餐。

拜占庭人看來是沒能力阻擋他們，安德洛尼卡已出現心智不穩跡象，他的統治也正淪為屠殺狀態。誠如一位編年史家所形容：「他認為一天沒殺人，這天就白過了。」前一會兒還流露出悔恨，似乎飽受自己雙手染血的折磨，但隨後就又興起極端的新殺機。安德洛尼卡深恐遭到暗殺，因此把自己關在門禁森嚴的宮殿裡，把時間都花在根除真實或想像的陰謀中。當諾曼大軍逼近的消息傳來，他派了一支軍隊去攔截，但由於他無法信任他人，於是就把軍隊分成五個部分，分別由同階級的將軍指揮。這些將軍馬上就為何者才是最好的行動方式而開始爭吵，有的朝西西里人的大致方向活動，有的則沿途採取防禦的姿態。

幾星期後的某天，君士坦丁堡的城民醒來便見著諾曼艦隊逼近帝國港口。一群暴民襲擊了皇宮，恐怖的安德洛尼卡皇帝也就落得了恐怖的下場。他一倒下，帝國的命運也突然扭轉，新皇帝伊薩克二世（Isaac II）把四分五裂的軍隊集中在最英明神武的將軍阿歷克塞．布拉納斯（Alexius Branas）手中，他馬上就率兵行軍兩百里去迎戰諾曼人。威廉的軍隊過分自信，放鬆了戒備，就在西西里人正要渡過一條河時，布拉納斯成功伏擊了他們。

雖然傷亡不重，但對諾曼人士氣的打擊卻很大。諾曼人本指望一場唾手可得的勝利，但眼下很明顯向君士坦丁堡挺進會是漫長又艱巨的任務，還不提最後免不了得要圍城作戰。布拉納斯很聰明地等了幾個月，讓對方士氣更加低落，然後才提起談條件的事。當西西里人猶豫不決時，布拉納斯突然發動攻擊，趁其不備，由於諾曼人的艦隊在君士坦丁堡，他們也沒地方可跑。大部分軍隊都被摧毀，倖存者則想逃往帖撒羅尼迦避難，但卻遭到城民迎頭痛擊，報復他們曾劫掠此城。只有幾千名精兵設法在冬天徒步越過山區隘口，回到了義大利。

這場大敗嚴重打擊威廉的威信，但不幸中的萬幸是他的海軍還沒吃敗仗；他們已經輕而易舉征服了幾座島嶼，而且還掃蕩了拜占庭艦隊一輪。這場戰事甚至讓一位天才將領馬格加里塔（Margaritus）嶄露頭角，一一八七年，整個基督教世界都需要他效勞。

那年深秋，一艘熱那亞貿易商船沿著台伯河逆流而上，駛入台伯河的港口，也不等待正式邀請，此船載來的兩名大使就匆匆直奔拉特蘭宮，要求晉見教宗烏爾班三世（Urban III）。他們傳話說發生了不可想像的事；耶路撒冷已經落入撒拉森人手中，而真十字架，基督教王國最神聖的遺物，也被奪走了。上了年紀的教宗實在難以承受此訊，他大為震驚地回到私人寢居裡，幾天後就去世了。

沒過多久，驚恐的西方世界就有反應了。烏爾班三世安葬完第二天，他的繼任者就頒布了教宗詔書，號召組一支十字軍。當通牒送到西西里時，卻見諾曼王國早已採取了行動。原來這些可怕的消息已經先傳到了巴勒摩，而威廉二世也分秒必爭做好準備。他穿了一件駱駝毛粗布襯衫，在頭上抹灰，下令哀悼四天，誓言支持這支十字軍。召集軍隊需要一段時間，但為了表明心跡，他派了馬格加里塔前往巴勒斯坦，命他去騷擾撒拉森人。

教宗本來苦於找不到一個理想的十字軍代言人。威廉溫文儒雅又有很深的宗教信仰，在國內很得民心，國外的人脈又很廣，就和他的父親與祖父一樣，他能流利說出王國內通行的三大語言，並願意接納他的伊斯蘭教、希臘正教與猶太教子民。他很適合擔當一場偉大運動的主角，因為威廉本就以俊美聞名（不只一位觀察者拿威廉跟他的加冕圖裡的天使相提並論），此時他三十歲出頭，明顯可從他身上看到歐特維爾家族的血統，體型比他同時代的人都要來得高大。然而從教宗的觀點看來，最重要的是他繼承了其家族的好戰本性。如果他還沒展現出相應的個人魅力或謀略等特點，那純粹是因為他還年輕，而且尚未相對地經過一些歷練。無論如何，這些考量都可留給下屬去操心；國王的主要功能就是做個好看的擺設就好了。

至少在這方面他表現得非常出色。他火速去函給英格蘭的亨利二世、法國的腓力二世（Philip II）、神聖羅馬帝國的腓特烈，設法說服他們都親自領軍去收復耶路撒冷。然而，驅使威廉執筆的並非僅出於基督徒的虔誠心；如果十字軍移動路線途經西西里的話，這會為他國內商人帶來一筆巨大的意外之財。威廉的每封信函內不僅包括對宗教職責的呼籲，也加了一點不錯的政宣，強調西西里島宜人的氣候，並凸顯出經由海路前往巴勒斯坦的諸多優點。

威廉的海軍將領在聖地的輝煌表現，使得這些呼籲更為有力。馬格加里塔只率領一支六十艘船隻的小艦隊，就能確保十字軍的主要航道通暢，在海岸建立起一股穩定的壓力，阻撓撒拉森人奪取拉丁港口的每次嘗試。到了一一八八年，他被冠上了「新海神」（new Neptune）的稱號，整個東地中海莫不聞風喪膽。馬格加里塔逼近的黎波里海岸的消息一傳來，就逼得穆斯林解除對鄰近騎士堡[4]的包圍，而他翌年在泰爾（Tyre）一露面，就迫使撒拉森人馬上撤退。唯一能阻止他攻取新疆土的理由，是因為他缺少騎士（手下僅有兩百名騎士），而十字軍的主力抵達可改變這情況。但在十一月中傳來的噩耗，把一切都打亂了。歐特維爾家族的最後一位國王威廉二世駕崩了。

威廉的死因不詳，報告只提到他的猝逝且走得很安詳。他的統治時期被人民視為西西里王國太平繁榮的黃金時代，他也是西西里王國空前絕後，最受後人悼念的國王。幾世紀之後，但丁（Dante）還把他寫進了《神曲》的天堂裡，說他是理想國王的典型。然而，他其實不配享有其聲譽，與其說威廉二世是「好」國王，倒不如說他是「命好」；他的統治期是夾在嚴重不安定的時期中間，因此相形之下，就顯得他的統治似乎很理想。在他父親治下時，叛亂不斷，而在他死後還發生了內戰。要說在這之間有太平和繁榮，也並非是因為他治理有方。威廉二世非常不負責任，他不僅持續把西西里的資源投入極不明智又千篇一律具有災難性的對外戰爭中，還把他的王國前途交給了頭號大敵國，只為取得短暫的和平。他的前任，即使是被稱為壞人威廉的威廉一世，都曾不惜一切為了維護西西里而與神聖羅馬帝國對抗，但他卻隨意把王國交了出去。然後，就像所有不負責任的領袖一樣，讓他的繼任者去付出代價。

4 作者注：騎士堡是十字軍興建的城堡中最令人印象深刻的建築，位於今天的敘利亞海岸，是十字軍在的黎波里領地內最重要的軍事據點。

第十六章 猴王

不同於歐特維爾家族的傳統，威廉二世最大的失敗是他沒有兒子。當他在三十六歲突然去世時，王國就陷入了一場繼承危機。幸虧羅傑二世的優秀行政部門暫時仍保持繼續運作，因此沒有了國王並未一開始就打亂了日常政務。然而，沒有一個國家能夠長期群龍無首，雖然不缺野心勃勃的王位覬覦者，但只有三位夠分量的王位繼承者。正式的繼承人是國王的姑姑康斯坦絲，少數人因為她的性別而反對她繼承，但讓大多數西西里人認為她不適合繼承的原因，是她目前已跟亨利六世（Henry VI）成婚的事實，而亨利六世則是西西里王國的死敵神聖羅馬帝國的皇儲。

反對者則明確以兩位貴族為中心：雷契的坦克雷德（Tancred of Lecce）以及安德

里亞的羅傑（Roger of Andria）。表面上他們似乎勢均力敵；兩人都被授予戰爭英雄的勳章，擁有很多頭銜和獎項，都可自詡長期為國家服務過。羅傑從貴族那取得支持，坦克雷德則很受小貴族以及民眾的歡迎。然而，真正的區別卻在於血統。羅傑是王室的遠親，歐特維爾家族德羅戈的曾孫，而坦克雷德則是羅傑二世的私生子所生的兒子。坦克雷德跟受人民愛戴的羅傑二世血緣接近，成了申索王位很有力的資格（不管合法性有多薄弱）。此外，教宗則拚命要阻止神聖羅馬帝國接收西西里王國，因此幫坦克雷德撐腰。於是在一一九〇年一月，坦克雷德加冕成為西西里國王。

這位新國王矮小黝黑，而且異常醜陋。當代一位史家給他取了綽號叫 Tancredulous，意指「難以置信」，並冷嘲熱諷說他長得像猴子。「看啊！」史家在坦克雷德的加冕典禮寫道：「一隻猴子加冕了！」然而，雖說他在身體上有所不足，卻倒是精力充沛、精明又有雄心。他曾涉入一一六一年的政變，親自襲擊了王宮，把威廉一世抓去囚禁。當叛亂事敗，他接受了流放，以換取官方赦免，而且鑑於國王的聲譽也不是完美無瑕，因此他也就得以從這場磨難中聲名無損地脫穎而出。

坦克雷德幾乎立刻要用上所有政治的技能。當他加冕的消息傳出，西西里王國長期宗教緊張對峙的情勢也沸騰起來。自諾曼人當初征服西西里島以來，穆斯林人口就一直下降。在羅傑二世統治下，他們曾是很有影響力又受尊敬的少數族群，但隨著從義大利半島湧入的人口增加，他們也逐年被剝奪掉某些權利。威廉二世去世後，他們就支持起康斯坦絲，認為外國的日耳曼人會很高興有這些盟友，因此當坦克雷德成功當上國王，對他們來說是慘重的打擊。當一群基督徒很不智地攻打巴勒摩的一座清真寺之後，就引爆了西西里王國所有穆斯林的怒火。

新國王坦克雷德派兵去穩定局面，阿拉伯人則逃到周圍山區，在那裡搶占了幾座城堡。儘管坦克雷德設法把這場叛亂局限在島上的西部地區，但也花了快一年時間才平定叛亂。

叛亂之火所以會悶燒這麼久，部分原因是坦克雷德因北歐傳來的不祥消息而分了心。神聖羅馬帝國皇帝腓特烈在十字軍運動中溺斃，留下了帝國給他那精力充沛的兒子。亨利六世還只是皇儲時，就已經是個很可怕的敵人，如今他更成了皇帝。就在西西里王國燃燒起熾烈的穆斯林叛亂之火時，亨利越過了阿爾卑斯山脈，入侵義大利。亨利有兩個目標。第一個是要索討倫巴底的「鐵王冠」，羅馬皇帝君士坦丁大帝曾是這頂金王冠的主人，之所以稱為「鐵」王冠，是因據稱它包含了一根基督受難時所使用的鐵釘。[1]第二個目標是坐上西西里的王位，當然，他的妻子康斯坦絲也會坐在他的身旁。

倫巴底毫不構成障礙。當亨利於一一九一年率軍出現在羅馬時，嚇壞的教宗加冕他成為北義大利與西方帝國之主。亨利的第二個目標看來也唾手可得。他逼近的消息產生了常見的效果，使得義大利南部陷入混亂；除了那些熟悉的叛變貴族們，現在王國裡又有愈來愈多諾曼人支持亨利的入侵。其中大部分人都是宿命論者，認為博得這位皇帝的歡心方為聰明之舉；但也有些人則盤算過，一位遠在日耳曼的統治者比起身在巴勒摩的本地國王會比較沒那麼干擾人。當亨利在春天進入到諾曼王國境內時，發現整個義大利半島南部可說是陷入全面叛亂中。

坦克雷德沒法離開西西里來恢復局面，因為他正迫於要應付穆斯林的叛亂以及還在鞏固自己的勢力。不過，他還是很快就展開行動。大量黃金被送往他派在義大利半島上的將軍，用來招兵買馬以及賄賂那些仍保持忠誠的城鎮。這種果決，以及一陣好運，拯救了坦克雷德。夏日的酷暑向來是西西里王國最厲害的防守者，開始在日耳曼人陣中造成傷亡，等到坦克雷德的軍隊大敗日耳曼人的先遣部隊時，亨利決定撤退。沒有了皇帝撐腰，叛變也就跟著瓦解。叛軍首領就是安德里亞的羅傑，之前曾爭奪王位，結果被逮捕並處決。

坦克雷德的膽識挽救了局勢，但他明白這不過是從亨利的入侵中得到些許喘息，他嘗到這番勝利滋味沒過多久，英格蘭的諾曼國王獅心王理查就朝著西西里來了。

雖然理查才比坦克雷德早一年登基，但他早已享有英雄冒險家的聲譽。從十六歲開始，他就在戰場上指揮軍隊，直到一一九一年為止，大半輩子皆如此，而且被廣泛視為可以從撒拉森人手中解救耶路撒冷的人物。在一一八八年引發另一場新的十字軍東征的三年前，這座聖城就淪陷了，歐洲諸王立刻誓言保證支持十字軍運動。教宗欣然見到理查同意率領十字軍，條件是法國國王腓力二世也得跟他一同前去。此條件並非出於王室手足情分，而是因為理查不信任他的同伴，而且正當地懷疑只要他一出國，腓力就會沒收他在法國的領地。威廉二世見到了發大財的機會，因為隨著十字軍而來的會是商機，於是在死前去函給這兩人，建議說西西里可成為理想的出兵地點。這兩個國王都同意了，現在則輪到坦克雷德來扮演很不情願的主人家。

---

1 作者注：有一批宗教聖物據稱包含有基督釘上十字架的某些東西。例如在君士坦丁堡，可見到用來刺穿基督肋旁的矛、荊冠、真十字架、裹屍布，甚至還有好些裝了他的血的小瓶子。

理查在最好的情況下都是個很麻煩的客人，儘管擁有出類拔萃騎士的聲譽，但他很易感到無聊，他對冒險出征的興趣遠過於治理國家。在他統治的十年期間，留在英格蘭的時日幾乎不到六個月。就像史學家史蒂文．朗西曼（Steven Runciman）爵士所形容的：「他是個差勁的兒子、差勁的老公、差勁的國王，但卻是個英勇優秀的軍人。」他性情也浮躁，等到抵達西西里時，已經滿腹惡劣情緒。

原因有好幾個。理查容易暈船，而這次從義大利渡海到西西里的過程實在很不舒服愉快。接著，等到他抵達墨西拿時，卻發現腓力已搶先他一步抵達，而且以他一貫作風自行住進了豪華府邸，而把比較樸實的住處留給了理查。這些惱人的事已足夠讓理查變得脾氣暴躁了，但卻還有更嚴重的外交問題隨之而來。

威廉二世以其一貫作風，曾允諾要贈送奢華禮物來誘使理查前來西西里，然而坦克雷德才剛花一筆錢財去防禦義大利，因此拒絕送禮。此外，更加嚴重的是坦克雷德對待威廉遺孀喬安娜的方式。喬安娜認為康斯坦絲才是合法的君主，而且有些愚蠢地在口頭上支持過日耳曼人反對坦克雷德。坦克雷德的回應則是把她軟禁起來，並沒收她的龐大房地產。要是喬安娜是個小貴族，事情也就會這樣了結了，但偏偏她是理查的妹妹。

當坦克雷德的特使前去歡迎這位英格蘭國王來到西西里時，理查就因此要求交出喬安娜以及她的全部嫁妝，並威脅說除非讓他滿意，否則絕不離開。坦克雷德馬上就讓步了。他要操煩的事情已經夠多了，實在不能再惹上跟一支十字軍發生衝突的風險。喬安娜被帶到了理查的住所，除了帶著她嫁妝的每一分錢之外，還多了一點額外的，那是坦克雷德略表敬意所加進去的。本來這應該讓理查很有面子，但他很享受西西里的天氣，決定此地可以成為絕佳的根據地，因此他突襲了卡拉布利亞，攻占了小城聖薩爾瓦多（San Salvatore），用來很有氣派地安頓喬安娜，然後回到墨西拿，把最好的那座男修道院的希臘僧侶們都趕走，用來駐紮他的士兵。

占墨西拿人口多數的希臘人嚇壞了，他們曾熱烈歡迎這位著名的獅心王，招待他並提供住處，而他竟然回報以惡意與殘忍。僧侶被趕出修道院的景象讓民眾忍無可忍，老百姓於是帶著能找到的簡陋武器上街，衝到理查的別墅去。

英格蘭人的反擊很無情，理查命手下燒掉停在港口裡所有西西里人的船隻，讓這些暴民無處可逃，然後叫士兵毀掉此城。唯一放過的是位於市中心的宏偉府邸，待在裡面的是驚慌失措的腓力。事情過去之後，理查把倖存者聚攏過來，強迫他們建造一座龐大的木造堡壘。為了確保每個人都清楚這意思，他把堡壘命名為Matagrifon，意指「希臘殺手」。

像這樣窮凶極惡的行徑讓整個西西里王國都團結在坦克雷德的旗下，但令人驚訝的是，他竟然未向理查提出任何正式抗議。他在打更大的算盤，不管理查的行徑有多令人厭惡，他都不會是個長期威脅。坦克雷德真正的敵人是亨利六世，能拉得到的盟友他都需要。要是他得在自己的王國裡忍氣吞聲以鞏固跟理查的友誼，那這還算是可以接受的代價。於是坦克雷德非但沒派兵對付理查，反而還送了一大筆黃金，足夠讓理查很體面地前往聖地，而且他還懇求理查在西西里過冬。

理查正痛快得很，但跟法王的緊張對峙已瀕臨爆發邊緣，何況他還有十字軍東征的誓言要遵守。因此他拒絕留下，但做為交換另一份禮物的條件，他同意承認坦克雷德為合法國王。聖誕節過後，他們倆在巴勒摩會面，為理查四歲的兒子和坦克雷德十幾歲的女兒訂了親，以聯姻來確定了結盟。理查贈了一把寶劍給他的結盟手足國王做為新友誼的象徵，他宣稱那就是「王者之劍」[2]。

坦克雷德的耐心終於獲得了代價，就在此時剛好消息傳來，亨利又進軍了。坦克雷德再次請求理查留下來，但這位英格蘭國王已經下了決心。到了四月，理查和腓力兩個都走了，留下西西里國王獨自去應付神聖羅馬帝國皇帝。

亨利六世好整以暇，他帶了妻子康斯坦絲以及大批軍隊前來，很清楚坦克雷德在義大利半島上的支援力有多弱。當他越過西西里王國在義大利南部的領地時，根本就沒有遇到阻礙。諾曼人在義大利征服的第一塊領土阿韋爾薩（Aversa），毫無抵抗就投降。西西里王國整個北部地區也是如此。

坦克雷德雖然大感失望，但可能並不感到意外。他把防禦集中在南部地區，並選擇那不勒斯做為據點。坦克雷德的海軍上將馬格加里塔保持港口暢通之際，那不勒斯的城民則英勇抵抗，連亨利也為之刮目相看。由於亨利未能有效地切斷那不勒斯的海路，因此圍城戰就顯得毫無作用；加上夏日酷暑讓士兵苦不堪言，因此亨利決定撤退重組陣容。為了要向諾曼人表明他必將捲土重來，因此亨利就把皇后康斯坦絲和一支軍力充足的軍隊留在薩雷諾，做為證明。

這個舉動若是用來顯威風，那很令人印象深刻，但卻也是個很愚蠢的錯誤。亨利錯估了南義大利的民眾。那些曾經迅速投靠他的城鎮，此刻卻都拚命地向西西里輸誠。薩雷諾的城民迫不及待地消滅了皇帝的駐軍，然後將康斯坦絲送到巴勒摩去。

2 作者注：亞瑟王的傳奇之劍。

原本，西西里王國看似行將就木，但沒有了康斯坦絲，亨利就無權爭取西西里的王位了，而釋放皇后的代價是得承認坦克雷德是西西里國王。亨利只能承認自己已經戰敗，這場長期的戰爭也將會結束。

教宗也同樣開心，因為他那強大的北方鄰國被將了一軍。教宗隨即去函給坦克雷德，表示願意為他背書。然而，教宗的信件中也包含一條令人吃驚的要求。信上說，如果一方囚禁另一方的妻子，這樣將永遠無法達成和睦關係。故指示坦克雷德將康斯坦絲送到羅馬，由教宗來做仲裁者。

這時坦克雷德顯得進退兩難。要是把康斯坦絲留在巴勒摩，就會得罪新盟友，並讓亨利得以扮演正義的十字軍領袖，對抗教會的敵人。但相反的，要是放走了康斯坦絲，就會失去議價的籌碼。折騰一星期之後，坦克雷德終於很不情願地讓康斯坦絲渡過分隔西西里島和義大利半島的墨西拿海峽，啟程前往羅馬。而還不到一個月，最讓坦克雷德恐懼的事情就發生了。諾曼人剛走出西西里王國國境，就遭到一群神聖羅馬帝國騎士襲擊，康斯坦絲被人救走。不到兩個星期，她就回到了亨利身邊，亨利隨即準備要將妻子送上王位。

不幸中的大幸是教宗此刻很積極支持坦克雷德，他支持一些叛變的日耳曼貴族來讓亨利分身乏術、忙於應付，皇帝最終花了九個多月時間才平定亂事。

坦克雷德就趁此喘息空間去尋找其他的盟友。獅心王理查根本派不上用場，因為他在經歷不太成功的第三次十字軍東征後，返回英格蘭的路上遭到亨利俘虜，此時正在神聖羅馬帝國的宮廷裡做階下囚。而理查的弟弟約翰王（John, King of England）則一點也不急著要贖回他，但的確送了幾船白銀過去，亨利就忙著用這些白銀購買並裝備一支艦隊要去侵略西西里。坦克雷德沒有太多選擇，只好去找神聖羅馬帝國的天敵拜占庭。經過幾番匆忙交涉之後，坦克雷德說服了皇帝伊薩克二世，同意聯姻結盟。然而可惜的是，對諾曼人來說，拜占庭此時幫不了多少忙。伊薩克是衰落王朝的軟弱皇帝，這個帝國也只是前朝留下來的空殼子而已。此後不過十年，拜占庭帝國就因第四次十字軍東征可怕的打擊而步上毀滅。

教宗是坦克雷德唯一有力的盟友，但他已經八十七歲，身體虛弱，在風雨欲來的局面中恐怕幫不了忙。這位西西里國王獨自勇敢奮戰。一一九三年夏天，他橫越義大利半島國境開始準備防禦，但半島上大部分地區都已公然叛變，只有少數幾個城市沒有一敗塗地的氣氛。然而憑著外交手段、賄賂，加上展示兵力，坦克雷德開始慢慢地恢復他的威信。

要是他持續下去的話，或許有機會阻止亨利，但就在他征戰進行到一半時，卻發起高燒，因此回到巴勒摩，希望家鄉的氣候有助於恢復他的健康，但結果卻是每況愈下。到了二月初，他年僅十八歲的繼承人去世了，幾天後，悲痛的坦克雷德也跟著兒子離開人世。

沒有了坦克雷德，西西里就看不到未來。國王和王子雙雙猝逝剝奪了這個王國的抵抗意志。坦克雷德的三歲兒子威廉三世（William III）加冕為王，但這是場令人沮喪的儀式。與會者更想跟亨利達成協議而不是與他交戰，甚至連坦克雷德的王后西碧拉（Sibylla）也體認到結局已到來，就帶著兒子安坐於城堡中，等待最後一擊的降臨。

他們並未等多久，亨利在義大利半島上的行軍更像是凱旋遊行而不像征伐。多數城市都大開城門並很樂意交出人質，以示忠誠。而那不勒斯，曾在上一回日耳曼人的入侵中英勇抵抗，這時卻在第一名神聖羅馬帝國士兵抵達之前就認輸了。沒有了坦克雷德的能量，各地的士氣紛紛崩解。亨利先提供了慷慨的稅收減免優惠，用來軟化墨西拿的城民，然後就在毫無抵抗之下渡海登陸西西里島。一個月後，眾叛親離的西碧拉宣布投降，亨利進入了巴勒摩。不過六十年時間，歐特維爾家族在西西里的統治自此結束。

亨利六世在一一九四年聖誕節那天加冕，王后西碧拉以及年幼的威廉三世都有出席，可能懷著鬆了一口氣又感到傷心難過的心情觀禮。這位神聖羅馬帝國皇帝對待這兩位遭廢黜的諾曼人倒是出人意表的溫和，允諾會給他們充足的房產，好讓他們舒服度日。眾人本來就有個模糊的指望，希望遠方的皇帝會是個比較溫和的統治者，而他對王后展現的善意就更支持了這股期望。然而，加冕過後才四天，亨利就突然翻臉了。他宣稱有一樁行刺陰謀，可能真有其事，也可能純屬虛構，總之他命人拘捕王后西碧拉和年幼的威廉三世，送上船運回神聖羅馬帝國。所有曾出席坦克雷德加冕典禮的諾曼貴族全都遭圍捕並處決，而皇帝的稅吏則洗劫了西西里島。騾子馱運巴勒摩西西里國庫中的所有珍寶，送回北方，其中最著名的幾樣珍寶，如羅傑二世加冕時披的王袍，則保留至今。

對王后西碧拉來說，她總算有個好下場。度過五年階下囚日子後獲釋，隱姓埋名過完餘生。但她的兒子威廉三世就沒這麼幸運了。最後一任諾曼西西里國王死在了神聖羅馬帝國的獄中。有些消息來源說，亨利下令將他閹割並弄瞎他的雙眼；有些資料則說他被迫剃頭。或許前兩者都有，總之他監禁不到四年就死了。

諾曼西西里王國才立國六十四年就覆滅，對西西里島的人民來說是莫大的損失。

誠如最有先見之明的西西里居民所恐懼的，這座島消融在龐大的神聖羅馬帝國中，從此不再享有自治和管理的權力。今後西西里島就一直只是某個較大王國或國家的一部分而已。且真正的悲劇在於，還是自身的統治者丟失了這份獨立自主的權力。

諾曼西西里王國的致命弱點一直都是其歷任國王的絕對權力，事事都有賴於在位者的性格而定。在幾位優秀傑出的羅傑治下，西西里富裕又繁榮，在幾位威廉的治下卻快速走向衰落。坦克雷德或許可以成為賢君，但他卻沒有機會證明自己。諾曼西西里王國曾輝煌燦爛一時，但這座島嶼再也不會有如此的繁榮或幸福了。

第十七章　腓特烈二世與諾曼人的沒落

在西西里王國改朝換代過程中，有個中心人物顯然沒有參與。她是康斯坦絲，威廉二世的姑姑。她的侄兒許諾由她來繼承王國，而亨利六世則以她的名義入侵並征服了西西里，但康斯坦絲卻錯過了亨利的加冕典禮。

雖然康斯坦絲有歐特維爾家族的血統，而且正式來說是西西里的統治者，但她卻沒有渡海來參加慶祝活動，她留在了義大利半島，為亨利產下唯一的兒子。這名男孩因為是在阿西西[1]受洗的，因此被當地稱為「阿普里亞之子」，受到義大利南部人民

1 譯者注：阿西西（Assisi），位於義大利中部翁布利亞大區的天主教聖地。

的愛戴。受洗時給了他兩個教名：腓特烈和羅傑，以紀念他的祖父腓特烈一世和外祖父羅傑二世。這兩個教名在很多方面也代表對他抱有的種種期望：希望他能兼有腓特烈的英勇善戰，以及羅傑的治國長才。

這些期許實在太令人目眩神迷了。慶祝腓特烈的誕生簡直宛如慶祝新的救主降生似的，人們期望他的統治將有如日正當中，萬里無雲，絕不會有日食遮掩的時候。

腓特烈從小在華美王宮中度過，包圍在穆斯林家庭教師們及一切奢華中，但他從來都不知溫暖和煦的童年為何物。在兩歲時，他的父親駕崩，於是他被送往日耳曼繼承帝位。途中卻發現他的叔叔斯瓦比亞的腓力（Philip of Swabia）為了要登上皇位而開啟內戰。腓特烈於是折回巴勒摩，一一九八年五月十七日加冕為西西里國王。其母康斯坦絲以攝政身分統治，鑑於日耳曼人不得西西里民心，因此她努力藉由淡化和帝國的關係來贏得臣民歡心。她把專橫傲慢的帝國顧問遣送回國，腓特烈則放棄申索神聖羅馬帝位的權利。但不幸的是，康斯坦絲也在同一年去世，留下三歲半的孤兒腓特烈等著送去交由教宗照料。

身為投靠教宗宮廷的人，腓特烈的響亮頭銜似乎像是個空洞的嘲弄，而且更糟的羞辱還等在後頭。年邁的教宗並沒有意思要恢復腓特烈在日耳曼的利益[2]，而且局勢很快就變得很清楚，他也無力保護腓特烈在義大利的領土。腓特烈的叔叔腓力派了一支軍隊設法入侵那不勒斯，加上熱那亞的協助，渡海登陸西西里島，奪取了政府的控制權。日耳曼人甚至懶得正式罷黜腓特烈，他們乾脆忽略他，假借他的名義統治西西里。

成了俘虜的國王完全受到忽視，由得他在巴勒摩街上遊蕩，他的日常飲食則由富有的城民輪流按星期或月分供給他。對於年幼的腓特烈而言，童年的這些教訓很是清楚，人生的成功與否不是來自頭銜或地位，而是來自緊緊抓住所想所望。他周圍的人都想剝削他，因此他誰都不信任，養成了胸有城府的性格。因此當成功來臨時，腓特烈顯然是屬於那些在追求目標上最自私、最殘酷的人。

在十四歲的稚嫩年紀，腓特烈的幼齡已宣告結束，於是正式接管西西里政府。實際上腓特烈是有名無實，但他在宮中發表，已充分流露出他的無奈與救世主情懷：

眾民啊！聚攏過來看看是否有任何憂傷如同我的一樣。我父母在我尚未體驗到

---

2 作者注：教宗的政策一貫與此相反，即讓神聖羅馬帝國和西西里王國盡可能分得愈遠愈好。

他們的擁抱之前就離世了。我，堂堂大國聯姻的後代，被交到各種僕役手中，他們只打算為我的衣物以及我的王室身分拈鬮[3]……。我不成王，我受人統治而非統治人，我求人施恩而非施恩於人。我一次次懇求你們，哦！你們這些地上的君王們……釋放凱撒之子吧！

就在腓特烈努力在義大利堅決索求自己的權利之際，日耳曼卻在醞釀著很嚴重的險事，他的叔叔腓力在漫長的內戰中敗於貴族不倫瑞克的鄂圖（Otto of Brunswick），而本該照顧腓特烈利益的教宗卻為那位反叛的皇帝加冕。三十四歲的篡位者反過來認為腓特烈成了他皇位首要的威脅。他一準備就緒就入侵義大利來消除這危險，其軍勢如破竹橫掃卡拉布利亞，而十六歲的腓特烈則急忙到處尋找盟友。

出乎意外地教宗竟然是第一個響應的。自從諾曼人在義大利南部建國以來，歷任教宗都利用西西里王國來做為對神聖羅馬帝國的擋箭牌。羅馬被夾在這一南一北兩大強權間，由於腓特烈是這兩頂冠冕的繼承人，因此也就成了教宗的夢魘。教宗特意加冕鄂圖，就是為了避免這情況發生。但如今鄂圖出兵義大利，威脅著要攻下西西里卻使得噩夢成真。為了跟腓特烈交換兩項承諾：參加十字軍東征且神聖羅馬帝國皇位和西西里王位永遠不由一人擔當，教宗這才轉而為腓特烈撐腰。

起碼在短期內，這一百八十度的轉變對教宗來說算得到好結果。鄂圖的入侵本預期難以抵擋，卻突然兵敗如山倒，因為這位未來的征服者發現自己在缺了席的狀態下被逐出了教會。這場得勝的征戰已降格為一場很不體面的賽跑，跟腓特烈比賽誰能搶先回到日耳曼，登上皇位。後者此時很盡責地把西西里王國交給其妻代管，搶先鄂圖一步回到了日耳曼西南部的城市美茵茲。

儘管腓特烈有更合法的皇位繼承權，但一開始時，這兩位候選人都沒有占得上風。日耳曼南部的貴族從未全力支持過鄂圖，因此他們支持腓特烈，但北部的貴族則寧可選擇他們認識的「惡魔」鄂圖，也不要選擇他們不熟悉的西西里國王。雙方堅持不下陷入僵局，除非有把握可得到某種好處，否則誰也不願冒風險進攻。這番謹慎是有道理的。在兩軍第一次也是唯一一次的對陣衝突中，泰半時間雙方皆打成平手，直到鄂圖的坐騎受了傷，憂心的隨從才把他帶離了戰場。此時有一樁謠言卻散播開來，說鄂圖遺棄了將士，結果導致一場撤退卻變成了潰敗。鄂圖退回他在北方的家族領

3 譯者注：此處引用耶穌釘十字架時，士兵抽籤看誰可得到耶穌遺留的衣物。

地，在那頑固地抵抗了三年。

一二一五年盛夏，腓特烈二世在帝都重新再次加冕。這場活動多少有些掃興，因為教宗在授予「皇帝」頭銜時顯得拖拖拉拉。但究竟他是「國王」還是「皇帝」，腓特烈這時正面對這個重要問題，他的立足點到底要設在哪裡？他握有歐洲大陸彼端的王國，中間隔著阿爾卑斯山和充滿敵意的倫巴底諸國，且無論是巴勒摩或亞琛，都是西歐世俗權力的中心。

若只是個聲望問題，選擇也就簡單得多。「皇帝」一職，查理大帝的繼承者、古羅馬帝國的榮耀（起碼政治宣傳是這樣說的），顯然都壓過了西西里王國。然而，腓特烈還有其他更實際的考量。在日耳曼，腓特烈是個權力受限的皇帝，因著封建責任才跟貴族們綁在一起，但這些貴族所以站在他這邊並非出於忠誠，而是因為要擺脫先前的統治者。但另一方面，在西西里他是絕對的君王，不受任何法律所限，一切都是他說了算。他在南方也更有在家的感覺，這是北方所沒有的。儘管腓特烈有著條頓人的名字，但卻是南方諾曼人的孩子，巴勒摩撫養他長大，塑造了他的眼界和想像力。因此當要選擇定居之所時，腓特烈回到了老家。在其後三十五年多的統治期間，他只短暫回到日耳曼一次。

可想而知，教宗當然很憤怒，教宗支持腓特烈的條件之一，就是腓特烈會放棄南義大利，交給兒子去管，他自己則待在日耳曼。腓特烈為了安撫教宗，於是重新立誓將會參加十字軍東征。但要是腓特烈隨即開始準備的話，這個象徵性的舉動就會更有成效，實情是腓特烈對耶路撒冷沒什麼興趣，更別提基督教了。腓特烈私下稱基督徒為「豬玀」，說他們汙染了聖城，據稱他還說這個世界被三大冒牌貨欺瞞了，包含摩西、基督還有穆罕默德。有時他甚至有辱身分地去嘲弄他軍隊裡的基督徒成員。在一次征戰中，他指著一片麥田說：「你們的上帝長在那裡。」——這話是在貶損聖餐餅。

然而要說腓特烈對宗教不感興趣的話，他卻是對其他每樣事幾乎都充滿好奇。他有著永不滿足的好奇心，而且不像當代大多數人那樣，要是權威學者的說法不符合他所觀察到的話，他倒是很樂得批評如老普林尼[4]、希波克拉底[5]及亞里斯多德等人。他蒐集各種動物，愈是異國來的愈好，並組成一個動物園，包括有大象、長頸鹿、駱駝、花豹、黑豹、猴子、熊，以及開羅蘇丹送的珍禽，白色美冠鸚鵡。但他並非僅是

4　譯者注：老普林尼（Pliny the Elder），古羅馬博物學者、政治家。

5　譯者注：希波克拉底（Hippocrates），古希臘伯里克里斯時代之醫師，今人多尊稱之為「醫學之父」。

個愛好者而已，而是從科學角度去接觸一切事物，例如他留意到雞鷹在盯著目標時眼睛會放大，還有兩種獵鷹的慣常區分法是不正確的。他編纂了幾篇關於放鷹行獵的論文；為鳥類分類，研究牠們築巢、遷移模式以及日常習慣。

各國的學者都受邀到他宮廷來，算術、幾何和代數專家都寫了論文獻給他。在歐洲其他地方幾乎不存在的醫學，則由他個人財庫資助發展。那不勒斯成立了一所大學，這是義大利僅有兩處准許教醫學課程的其中之一。[6]準備要當醫生的人須先經過專家委員認可，發出證照才准診斷病人，如此就使得品管有統一的標準。大學也接收了大批希臘與阿拉伯的文本收藏，以便（套用腓特烈本人形容的）學生得以「從古井中汲出新水」來。學生可獲資助，旅行時則受到王室衛隊的保護，全部由國王付費，因此他們受低廉學貸吸引而來到那不勒斯。

腓特烈是位多產作家，編寫了好幾篇關於醫學的論文，甚至還成為能實際看診的醫生。在日理萬機之際，他還抽空去指導獸醫如何妥善照顧馬匹，去聽當代最著名數學家講課，並主導他自己做的實驗，解剖屍體的腹腔來找出腸胃的功能。

腓特烈也是位很有造詣的詩人，沉醉於語言學[7]，曾試圖要讓義大利的語言標準化。這項任務後來大部分由但丁完成了，但丁也大部分歸功於腓特烈，並稱他為義大利詩歌之父。腓特烈精通王國內通行的各種語言，如義大利語、希臘語、拉丁語、阿拉伯語、日耳曼語，以及法語。

他與其外祖父羅傑二世一樣，是位偉大的藝術贊助者，讓由他設計的宮殿中遍布馬賽克鑲嵌、大理石、繪畫、雕刻。他在巴勒摩的宮廷成了歐洲著名的知性中心，一個早在文藝復興兩世紀之前的文藝復興宮廷。難怪當代的人在提到腓特烈時會稱他為：Stupor Mundi——世界的奇蹟。

雖然腓特烈統治了歐洲兩端的兩個國家，但他的注意力顯然是集中在西西里。這個島嶼曾受到內戰和侵略的蹂躪，大部分地區人口減少，當從日耳曼回來時，他安置了退役軍人在此定居，並開始在未利用的農地上發展產業。接著腓特烈向所有封建痕跡宣戰，王國內各省的長者都被帶到宮廷裡來，詢問有關他們家鄉的傳統王法與普通法。這些都經過對照整理、編輯，以消除互相矛盾之處，然後用來為官僚制定一套憲

6 作者注：另一處在薩雷諾。

7 作者注：根據傳說，他曾命兩名保母在沉默中撫養她們負責照顧的孩子，以便找出人類的自然語言是什麼。可惜據說兩個小孩都在這項實驗完成之前夭折了。

法，界定國家各種官員的職權。一切都受到巨細靡遺的控制，從妓院行政管理到准許他的臣民穿什麼樣的衣服。法官的任命取決於國王，以降低貪腐的可能，而寡婦、孤兒以及貧民都可獲得免費法律援助。雖然腓特烈是個專制的統治者[8]，但他的憲法卻奠定了成文法的先例，而且一直成為西西里法律的基礎，直到十九世紀為止。

就在腓特烈忙著改革西西里之際，境外遠方的事件卻逼得他不得不注意起聖地來。耶路撒冷已於一一八七年陷落，但第三次以及浩劫般的第四次十字軍東征都未能收復它，於是在一二一七年又發動了第五次的十字軍東征。腓特烈曾經含糊答應過要陪同前去，但卻一如既往的食言。然而，儘管缺乏強人領導，十字軍還是有了些進展，使得蘇丹願意讓耶路撒冷投降十字軍，以換取停止敵對行動。十字軍期待腓特烈能一馬當先率軍立刻前來，因此拒絕了蘇丹提出的條件。但隨後十字軍即遭到反擊而四散潰逃。不管是否公平，所有人，包括聖地和歐洲，都把這場災難怪到腓特烈頭上。

但這位皇帝卻似乎沒怎麼放在心上，面對不斷高漲的國際壓力，還是繼續不把他的十字軍誓言當一回事。在絕望中，教宗同意用點甜頭當誘餌。耶路撒冷王國的繼承人尤蘭妲（Yolanda）十三歲，未婚，而腓特烈則是位鰥夫。這兩人在一二二五年成婚，使得腓特烈在名義上成了耶路撒冷的國王。受到新動力驅使之後，腓特烈允諾在一二二七年結束之前出動他的十字軍，他的日期訂在八月，但卻患上熱病，於是就延期等到他康復為止。氣急敗壞的教宗懷疑這又是他另一樁拖延的把戲，於是把他逐出了教會。

經過幾個月交涉要求解除禁令而不果之後，腓特烈決定不理會教宗而終於啟程展開延宕已久的長征。他成為一位很奇怪的十字軍，一位被逐出教會的懷疑者，甚至不相信他出兵打仗所維護的宗教信仰，率領的軍隊又小得起不了什麼作用，聖地的軍事修會（military orders）都不把他放在眼裡，他也無望得到國際支援。但是這些都煩擾不了腓特烈，鑑於他的兵力規模很小，因此外交手段就成了唯一的選項，而他也很清楚自己在這方面的能耐。

當腓特烈在阿卡（Acre）登陸時，就以其淵博知識及毫無瑕疵的阿拉伯語暢談知識，讓蘇丹的使者刮目相看。當蘇丹派了飽學之士去他那裡後，他們回頭報告說腓特烈幾乎可以輕鬆和他們對談每一樣的主題。幾星期後兩位君王會晤，結果也是一樣。被迷住了的蘇丹同意交出耶路撒冷（除了圓頂清真寺這個顯著的例外），還加上一小

---

8 作者注：腓特烈的臣民稱他為「地上的活律法」。

片沿海地帶。下一個月腓特烈便進到這座他剛剛贏得的城市，正式接管。他獨自昂首走進聖墓教堂，從主祭壇上取下金色王冠，將自己加冕為耶路撒冷國王。

儘管腓特烈取得了驚人的勝利（除第一次十字軍之外，其他幾次十字軍都不曾成功過），大部分歐洲人卻以厭惡的眼光看待整件事。這座城市也許暫時回到基督徒手中（或起碼是腓特烈的手中），不過最神聖的遺址仍在穆斯林手中。此外，該城幾乎形同毫無防禦力，包圍在穆斯林的領域中，而且出於部分協議內容，基督徒不准興建任何圍牆。誰都看得出耶路撒冷的再度淪陷只不過是時間早晚的問題。

除此之外，收復此城的是個異教徒。腓特烈加冕的第二天，該撒利亞[9]主教就來到耶路撒冷，並對耶路撒冷施以禁行聖事令（interdict）。城內人民分成兩派：支持皇帝者以及忠於教宗者，而大多數貴族則都站到反對腓特烈的陣營。在當前這樣的局面下，耶路撒冷是無法管控的，於是腓特烈就離開了，不再回來。沒有了他，此城又苟延殘喘撐了十五年，然後就如預期地在穆斯林的攻擊中淪陷了。

腓特烈還有一個好理由要趕回老家，報告傳到了聖地，說他的攝政向教宗開戰，一支教宗大軍已經進入他的國境內。當腓特烈抵達義大利時，這位以其正義、慷慨和外交手段聞名的君主，也可以表現他無情的一面。教宗大軍被驅離，所有曾跟教宗合作過的人也都遭到追捕。反叛的貴族接受約談然後入獄，異議分子被裝在鉛箱裡丟進火爐，他們的妻子則被送到一座位在阿普里亞的堡壘中，用砌磚封住囚禁空間，由得她們逐漸死在密室內。

皇帝與教宗的戰爭深深困擾了中世紀的人心，雖然民意對於該怪罪哪方各執一詞。林肯（Lincoln）主教稱教宗為「反基督者」，而另一派人則詛咒腓特烈並密謀行刺他。雙方都有一種感覺，有些地方是錯得太離譜了。基督教世界的兩位首領，一位是精神的領袖，一位是世俗的領袖，應該是盟友而非敵人才對。等到這兩位終於在一二三〇年談和時，大部分的歐洲人都鬆了一口氣。

然而和平不過是暫時的。腓特烈的兒子亨利起兵造反，並試圖封鎖阿爾卑斯山通往日耳曼的隘口，但腓特烈卻設法溜了過去，迫使對方接受有條件的投降並囚禁了他的繼承人。儘管日耳曼臣服於腓特烈，但義大利北部倫巴底地區的城市則長久以來有如帝國的在背芒刺，這時他們就趁機造反了。教宗實在忍不住要支持他們，於是又挑起了跟皇帝的舊怨。

---

9 譯者注：該撒利亞（Caesarea），位於今日以色列。

腓特烈最終花了漫長五年的無情征討，才粉碎這些義大利城市，而他也過早地大肆慶祝，舉行了古羅馬式的凱旋慶典，包括有一頭大象以及公眾遊行。教宗雖然失敗了，但卻沒有被打垮，他在一二三九年第三次將腓特烈逐出教會，而那些受此鼓勵的義大利城市則又馬上捲土重來。腓特烈隨即朝羅馬挺進，但他無意圍攻羅馬，而滿足於掠奪教宗國周圍地區。但在腓特烈威脅到羅馬之前，卻發現教宗去世了。由於他的出兵是針對教宗而非教會，因此他就撤軍了，希望新教宗會處理得更好，並解除他的破門令。

但腓特烈運氣不好，新教宗英諾森四世（Innocent IV）比前任更加不知變通，腓特烈設法把他趕出了羅馬，但英諾森卻逃到了熱那亞，並從這相當安全的地方宣布廢黜腓特烈的皇位。於是皇帝派了一支軍隊到北方，但卻在帕爾瑪受挫。換作從前，這樣的失敗根本不算一回事，但如今這位五十四歲的皇帝卻開始感到連年征討的心力交瘁。沒過多久，他的二兒子被俘，另一個兒子遇害，雙重打擊讓他性情大變，開始變得極其優柔寡斷；前一刻他會大談強攻教宗的要塞據點，後一刻卻又表現出溫順屈從。最後，到了一二五〇年他宣布出家，穿上了熙篤會的樸素僧袍。那年冬天他旅行過阿普里亞時患了痢疾。病情惡化得很快，沒有受太多苦，就在一二五〇年十二月十三日駕崩。遺體後來運到巴勒摩，長眠在他外祖父羅傑二世旁的一具紅色斑岩石棺裡。

腓特烈生前是個毀譽參半的人物，死後也一樣。當英諾森四世聽到他的死訊時說：「讓天上歡欣，地上高興；強大的上帝長久以來用來威脅你們頭頂的雷聲和暴雨，已因那個人的死去而化為清新的微風和滋養的雨露了。」但丁也因為這位皇帝沒完沒了的戰爭而同意教宗的看法，故把他打進了地獄最下層的狄斯之城（Dis）[10]，跟其他的異教徒一同關在燃燒的墳墓中。不管他走到哪裡，似乎都讓周圍的人大感震驚。他的後宮成了基督教世界的醜聞，他的外表徹頭徹尾地東方化，並喜愛奢華。

但對其他人來說，他卻是個真正的世界奇蹟，是他那時代最博學、能幹又迷人的人物。即使在他生前，各種傳奇也圍著他打轉。他是宣布末日審判的偉大皇帝，他收復了聖墓，掙脫羅馬的鎖鏈並建立自由國家。當他在這奮鬥中途去世時，一般百姓都拒絕相信他已經走了。在日耳曼，人民宣稱他只是在基夫豪塞爾山（Kyffhäuser）下睡著了，當渡鴉群集時，他就會歸來，讓他的帝國恢復往日的榮耀。

不過說真的，腓特烈二世是個很不足的日耳曼國家英雄。他待在巴勒摩老家的時

10 譯者注：此指但丁《神曲》地獄篇。

間遠多於待在美茵茲或亞琛，而他放棄日耳曼純粹是為了取得更多的個人權力。在某種程度上，他算是諾曼西西里王國最後盛放的奇葩，不管是好或壞，他放眼世界、獨立自主，最終卻受到世人遺忘。在他生前，英格蘭的約翰王於一二一五年簽署了「大憲章」（Magna Carta），這是朝著現代民主邁出的不朽巨大成就。而腓特烈的貢獻成文憲法的概念，則會在他死後五百年成為所有民主改革的基石，然而大多數人卻都遺忘了他。

要是腓特烈的統治算是西西里盛世的十月小陽春，那麼冬天可就來得太快了。他死後十六年，安茹的查理（Charles of Anjou）就侵略了這個島，殺掉腓特烈的兒子和孫子，結束了霍亨斯陶芬家族[11]對西西里的統治。這個王國在領土上一直保持完整直到十九世紀，才被歐洲君王們瓜分。西西里自腓特烈以降就再沒有出自本土的君王，或成為那些想要控制它的人眼中的首要考量了。

11 作者注：一一三八至一二五四年統治神聖羅馬帝國的家族。

結語　諾曼遺產

到了一一五四年，諾曼人正逐漸消亡，羅傑二世在那年去世，雖然名義上是透過腓特烈二世繼續統治，但這其實是歐特維特家族在西西里統治衰落的開始。同一年，諾曼人在英格蘭的統治也被取代。征服者威廉的孫子兼最後一位純正的諾曼國王布洛瓦的史蒂芬（Stephen of Blois）於一一五四年去世，並由安茹王朝（Angevin）[1]接班，只有博希蒙德的安條克公國，統治者才仍是建國者的直系諾曼後裔，但這個國家已經日薄西山，不如以往了。

1 譯者注：又被稱為金雀花王朝（Plantagenet）。

諾曼安條克公國四面受敵，所以能勉強生存，要歸功於敵人們的不團結。博希蒙德的後裔緊握權力直到一二六八年蒙古人入侵，殘酷地蹂躪了該城，才消滅這個存續時間最長的十字軍國度。博希蒙德的流亡親屬仍繼續持有「安條克公爵」的頭銜，但已經愈來愈沒價值，且通常是授予家族中的小輩。最後這個頭銜在一四五六年由一位葡萄牙貴族取得，當他於翌年被其岳母毒殺後，就再也沒人費事去要求繼承此銜了。

到了這時，諾曼人的統治已不合時代潮流，世界本身也成了個大不同的地方，不是當初羅洛或征服者威廉、詭詐的羅貝爾所見到的那個世界。雖然他們當年打天下時的本意並非如此，但他們每個人其實都在創造新歐洲的過程中扮演了關鍵角色。

想到諾曼人的歷史這麼短，其成就也就更加令人感到驚訝。諾曼人只在十到十二世紀之間興盛過，西西里王國的諾曼統治盛世不到兩個世代，然後就失去昔日的活力，如此又拖了四個世代。在東方，諾曼人的衰落則相當快，儘管名義上存在了將近兩世紀，但安條克公國實際上只有過兩位統治者，最後一位坦克雷德在一一一二年就英年早逝。

歲月沖淡了諾曼人的活力，他們在每個所統治的地方都總是屬於少數族群，到最後就被他們征服的對象給同化了。在英格蘭的諾曼人變成了英格蘭人，在西西里的諾曼人則變成了義大利人。諾曼地本身則在一二〇四年被法國併吞，本土諾曼人消失在周圍的人群中。

他們曾經有過兩個輝煌的世代，世界曾在他們的指掌之間：征服者威廉、詭詐的羅貝爾，還有大伯爵羅傑，都是同一代的人，而他們的後代：英格蘭的威廉二世、安條克的博希蒙德，以及西西里的羅傑二世，也是同一代的人。[2]在每個例子中都先有個傑出的征服者，隨後是個能幹的行政者，能夠守住家業並為永續的國度奠基。一〇五四年，有三個諾曼人後來成為知名人物，其中一位是非法的公爵、一位是被美化的海盜、一位是一文不名的騎士。一百年後，他們的後裔統治了歐洲兩個最有權勢又輝煌的宮廷，還有最偉大的十字軍國度。

諾曼人還帶來了更持久且重要的改變，諾曼人數世紀來的統治為西歐帶來根本的

2 譯者注：此處的威廉二世（1056-1100）指的不是征服者威廉（諾曼地公爵威廉二世兼英格蘭國王威廉一世），也不是西西里王國第三任國王威廉二世，而是征服者威廉的兒子。威廉二世的生卒年約莫與博希蒙德（1058-1111）接近，而博希蒙德跟羅傑二世（1095-1154）是堂兄弟關係，故作者認為他們是同一世代的人物。

轉變。沒有一位十世紀期間的觀察者會料到西歐能夠恆久長存。西歐被包圍在強大的拜占庭和穆斯林鄰國中，而且分裂成十幾個分權的小國，彼此紛爭不斷，無法團結。這些小國只能採取守勢，眼光放在內部，外憂則有來自北方的維京人，來自西方的阿拉伯人，以及來自東方的馬札爾人（Magyar）。十二世紀時這情況有了改變，歐洲變得充滿自信，向四面八方擴張，開始在西班牙和小亞細亞反攻穆斯林。在封建制度薄弱的地方，則出現中央集權的王國，蓄勢待發準備統領天下。

諾曼人處在歐洲史上最偉大的轉捩點，他們的精力與膽識使歐洲得以轉型，該時代的第一線新精神就是他們的活力。第一次十字軍東征由諾曼君主們率領，並由諾曼騎士作戰，這並非巧合而已。前後相繼的改革派教宗是靠諾曼軍隊撐腰，或是位於天南地北的小亞細亞與西班牙的軍隊都以諾曼傭兵為核心，這也不是巧合。

他們是中世紀偉大的白手起家故事，提醒了我們維吉爾（Virgil）的格言說得沒錯：天助勇者。從漢尼拔到拿破崙之間，像諾曼人這樣偉大的冒險家並不多。

如果有什麼需要驗證的話，諾曼人證明了，出類拔萃的人物是可以改變歷史的進程。

帝王列表

神聖羅馬帝國

加洛林王朝（Carolingian Dynasty）

800-814 查理大帝（Charlemagne），即查理一世（Charles I）

814-840 路易一世（Louis I），人稱虔誠者（the Pious）

840-855 洛泰爾一世（Lothair I）

855-875 路易二世（Louis II）

875-877 查理二世（Charles II），人稱禿子查理（the Bald）

881-887　查理三世（Charles III），人稱胖子查理（the Fat）

圭多尼王朝（Guideschi Dynasty）

891-894　蓋伊三世（Guy III）

894-898　蘭貝托二世（Lambert II）

非王朝時期君主（Non-Dynastic）

896-899　阿努爾夫（Arnulf）

901-905　路易三世（Louis III）

915-924　貝倫加爾一世（Berengar I）

薩克森王朝（Saxon Dynasty）

962-973　鄂圖一世（Otto I）

973-983　鄂圖二世（Otto II）

996-1002　鄂圖三世（Otto III）

1014-1024　亨利二世（Henry II）

薩利安王朝（Salian Dynasty）

1027-1039 康拉德二世（Conrad II）

1046-1056 亨利三世（Henry III）

1084-1105 亨利四世（Henry IV）

1111-1125 亨利五世（Henry V）

非王朝時期君主（Non-Dynastic）

1133-1137 洛泰爾三世（Lothair III）

霍亨斯陶芬王朝（Hohenstaufen Dynasty）

1155-1190 腓特烈一世·巴巴羅薩（Frederick I Barbarossa）

1191-1197 亨利六世（Henry VI）

1209-1215 鄂圖四世（Otto IV）[1]

1220-1250 腓特烈二世·巴巴羅薩（Frederick II Barbarossa）

---

1 作者注：非王朝時期君主。

拜占庭帝國

馬其頓王朝（Macedonian Dynasty）

867-886 巴西爾一世（Basil I）
886-912 利奧六世（Leo VI），人稱智者（the Wise）
912-913 亞歷山大（Alexander）
913-959 君士坦丁七世（Constantine VII），人稱「生於紫室者」（the Purple-born）
920-959 羅曼努斯一世・利卡潘努斯（Romanus I Lecapenus）
959-963 羅曼努斯二世（Romanus II）
963-969 尼基弗魯斯二世・福卡斯（Nicephorus II Phocas）
969-976 約翰一世・齊米斯基斯（John I Tzimiskes）
963-1025 巴西爾二世（Basil II），人稱「保加利亞人屠夫」（the Bulgar-Slayer）
1025-1028 君士坦丁八世（Constantine VIII）
1028-1050 佐伊女皇（Zoe Porphyrogenita）
1028-1034 羅曼努斯三世（Romanus III）
1034-1041 米海爾四世（Michael IV）

1041-1042 米海爾五世（Michael V）

1042-1056 狄奧多拉女皇（Theodora Porphyrogenita）

1042-1055 君士坦丁九世（Constantine IX）

非王朝時期君主（Non-Dynastic）

1056-1057 米海爾六世（Michael VI），人稱老米海爾（the Old）

科穆寧王朝（Comnenus Dynasty）

1057-1059 伊薩克一世・科穆寧（Isaac I Comnenus）

杜卡斯王朝（Ducas Dynasty）

1059-1067 君士坦丁十世（Constantine X）

1067-1078 米海爾七世（Michael VII）

1068-1071 羅曼努斯四世（Romanus IV）

1078-1081 尼基弗魯斯三世（Nicephorus III）

科穆寧王朝（Comnenus Dynasty）

1081-1118　阿歷克塞一世（Alexius I）

1118-1143　約翰二世（John II），人稱美男子（the Beautiful）

1143-1180　曼努埃爾一世（Manuel I）

1180-1183　阿歷克塞二世（Alexius II）

1183-1185　安德洛尼卡一世（Andronicus I），人稱恐怖的安德洛尼卡（the Terrible）

安格洛斯王朝（Angelus Dynasty）

1185-1195　伊薩克二世．安格洛斯（Isaac II Angelus）

1195-1203　阿歷克塞三世（Alexius III）

1203-1204　伊薩克二世和阿歷克塞四世（Alexius IV）

非王朝時期君主（Non-Dynastic）

1204　阿歷克塞五世（Alexius IV）[2]

---

2 作者注：此後拜占庭統治者為十字軍（拉丁）皇帝，直到一二六一年。

教宗列表

以下以星號標示對立教宗（antipopes）[1]。

1024-1032　若望十九世（John XIX）

1032-1044　本篤九世（Benedict IX）

1045-1046　格列哥里六世（Gregory VI）

1 作者注：不時有兩個或更多人同時宣稱為教宗。編按：對立教宗又稱為敵對教宗、偽教宗或反教宗，指經過具爭議的教宗選舉而推選出的教宗，這些教宗通常不受官方認可。

1046-1047 克雷芒二世（Clement II）
1047-1048 本篤九世（復位）
1048 達瑪穌二世（Damasus II）
1049-1054 利奧九世（Leo IX）
1055-1057 維克托二世（Victor II）
1057-1058 史蒂芬九世（Stephen IX，亦稱史蒂芬十世）
1058-1059 本篤十世（Benedict X）*
1059-1061 尼古拉二世（Nicholas II）
1061-1073 亞歷山大二世（Alexander II）
1061-1072 何諾二世（Honorius II）*
1073-1085 格列哥里七世（Gregory VII）
1080-1100 克雷芒三世（Clement III）*
1086-1087 維克托三世（Victor III）
1088-1099 烏爾班二世（Urban II）
1099-1118 巴斯加二世（Paschal II）
1100-1102 狄奧多里克（Theodoric）*

1102 阿爾伯特（Albert）*
1105 西爾斯維特四世（Sylvester IV）*
1118-1119 格拉修二世（Gelasius II）
1118-1121 格列哥里八世（Gregory VIII）*
1119-1124 卡利克斯特斯二世（Calixtus II）
1124-1130 何諾二世（Honorius II）
1124 雷定二世（Celestine II）*
1130-1143 英諾森二世（Innocent II）
1130-1138 阿納克萊圖斯二世（Anacletus II）
1138 維克托四世（Victor IV）*
1143-1144 雷定二世（Celestine II）
1144-1145 盧修斯二世（Lucius II）
1145-1153 尤金三世（Eugene III）
1153-1154 阿塔斯塔休斯四世（Anastasius IV）
1154-1159 阿德里安四世（Adrian IV）
1159-1181 亞歷山大三世（Alexander III）

1159-1164 維克托四世（Victor IV）*
1164-1168 巴斯加三世（Paschal III）*
1168-1178 卡利克斯特斯三世（Calixtus III）*
1179-1180 英諾森三世（Innocent III）*
1181-1185 盧修斯三世（Lucius III）
1185-1187 烏爾班三世（Urban III）
1187 格列哥里八世（Gregory VIII）
1187-1191 克雷芒三世（Clement III）
1191-1198 雷定三世（Celestine III）
1198-1216 英諾森三世（Innocent III）
1216-1227 何諾三世（Honorius III）
1227-1241 格列哥里九世（Gregory IX）
1241 雷定四世（Celestine IV）
1243-1254 英諾森四世（Innocent IV）
1254-1261 亞歷山大四世（Alexander IV）

參考書目

主要資料來源

Alighieri, Dante. *The Divine Comedy*. Trans. John Ciardi. New York: New American Library, 2003.

Choniates, Nicetas. *O City of Byzantium: Annals of Niketas Choniates*. Trans. Harry J. Magoulias. Detroit: Wayne State University Press, 1984

Comnena, Anna. *The Alexiad*. Trans. E. R. A. Sewter. New York: Penguin Books, 1969.

Falcandus, Hugo. *A History of the Tyrants of Sicily*. Trans. G. A. Loud and T. E. J. Wiedemann. Manchester: Manchester University Press, 1998.

Houts, Elisabeth van, ed. *The Normans in Europe*. Trans. Elisabeth van Houtes. New York: Manchester

University Press, 2000.

Jumièges, William of. *The Gesta Normannorum Ducum of William of Jumièges, Orderic Vitalis, and Robert of Torigni: Volume 1: Introduction and Books I-IV*. Trans. Elisabeth M. C. van Houts. London: Oxford Medieval Texts, 1992.

Jumièges, William of. *The Gesta Normannorum Ducum of William of Jumièges, Orderic Vitalis, and Robert of Torigni: Volume 2: Books V-VIII*. Trans. Elisabeth M. C. van Houts. London: Oxford Medieval Texts, 1995.

Psellus, Michael. *Fourteen Byzantine Rulers*. Trans. E. R. A. Sewter. New York: Penguin Books, 1966.

Poitiers, William of. *The Gesta Guillelmi of William of Poitiers*. Trans. R. H. C. Davis and Marjorie Chibnall. London: Oxford Medieval Texts, 1998.

Savage, Anne, ed. *The Anglo-Saxon Chronicles*. Trans. Anne Savage. Wayne: BHB International Inc, 1997.

Vitalis, Ordericus. *The Ecclesiastical History of England and Normandy*. Trans. Thomas Forester. Charleston: BiblioBazaar, 2009

現代作品

Barbera, Henry. *Medieval Sicily: The First Absolute State*. Brooklyn: Legas, 2000.

Barlow, Frank. *Edward the Confessor*. London: Yale University Press, 1997.

Benjamin, Sandra. *Sicily: Three Thousand Years of Human History*. Hanover: Steerforth Press, 2006.

Brown, Gordon S. *The Norman Conquest of Southern Italy and Sicily*. London: McFarland & Company, Inc., 2003.

Brown, R. Allen. *The Normans and the Norman Conquest*. Woodbridge: The Boydell Press, 1985.

Chibnall, Marjorie. *The Normans*. Malden: Blackwell Publishing, 2006.

Gibbon, Edward. *The Decline and Fall of the Roman Empire*. 7 vols. New York: Alfred A. Knopf, Inc., 1993.

Gravett, Christopher and David Nicolle. *The Normans: Warrior Knights and their Castles*. New York: Osprey Publishing Ltd., 2007.

Kreutz, Barbara M. *Before the Normans: Southern Italy in the Ninth & Tenth Centuries*. Philadelphia: University of Pennsylvania Press, 1991.

Neveux, François. *A Brief History of The Normans: The conquests that changed the face of Europe*. Trans. Howard Curtis. Philadelphia: Running Press, 2008.

Norwich, John Julius. *The Normans In Sicily: The magnificent story of 'the other Norman Conquest'*. New York: Penguin Books, 1970.

Runciman, Steven. *A History of the Crusades, Volume 1*. Cambridge: Cambridge University Press, 1951.

【Historia歷史學堂】MU0011X

諾曼風雲：從蠻族到王族的三百年

The Normans: From Raiders to Kings

作　　者❖拉爾斯・布朗沃思 Lars Brownworth
譯　　者❖黃芳田
封面設計❖徐睿紳
排　　版❖張彩梅
校　　對❖魏秋綢
總 編 輯❖郭寶秀
責任編輯❖郭棤嘉
行　　銷❖力宏勳

事業群總經理❖謝至平
發 行 人❖何飛鵬
出　　版❖馬可孛羅文化
台北市南港區昆陽街16號4樓
電話：(886)-2-25000888
發　　行❖英屬蓋曼群島商家庭傳媒股份有限公司城邦分公司
台北市南港區昆陽街16號8樓
客服服務專線：(886)2-25007718；25007719
24小時傳真專線：(886)2-25001990；25001991
服務時間：週一至週五9:00～12:00；13:00～17:00
劃撥帳號：19863813　戶名：書虫股份有限公司
讀者服務信箱：service@readingclub.com.tw
香港發行所❖城邦（香港）出版集團有限公司
香港九龍九龍城土瓜灣道86號順聯工業大廈6樓A室
電話：(852)25086231　傳真：(852)25789337
E-mail：hkcite@biznetvigator.com
馬新發行所❖城邦（馬新）出版集團【Cite (M) Sdn. Bhd.(458372U)】
41, Jalan Radin Anum, Bandar Baru Seri Petaling,
57000 Kuala Lumpur, Malaysia
電話：(603)90563833　傳真：(603)90576622
E-mail：services@cite.my
輸出印刷❖中原造像股份有限公司
初版一刷❖2018年5月
二版一刷❖2025年4月
定　　價❖420元

ISBN 978-626-7520-66-6
EISBN 9786267520673

城邦讀書花園
www.cite.com.tw

國家圖書館出版品預行編目資料

諾曼風雲：從蠻族到王族的三百年/拉爾斯.布朗沃思(Lars Brownworth)作；黃芳田翻譯. -- 二版. -- 臺北市：馬可孛羅文化出版：英屬蓋曼群島商家庭傳媒股份有限公司城邦分公司發行, 2025.04
面；　公分. -- (Historia歷史學堂；MU0011X)
譯自：The Normans : from raiders to kings
ISBN 978-626-7520-66-6(平裝)
1.CST: 中古史　2.CST: 歐洲
740.23　　114001296

THE NORMANS: FROM RAIDERS TO KINGS
by LARS BROWNWORTH